훈민정음 경필쓰기

세계 최고의 문자, 훈민정음 자긍심 계승을 위한 책!!

사범, 특급, 1급 용

해례본
解例本

박재성 엮음 | 사단법인 훈민정음기념사업회 인증

훈민정음 경필쓰기(해례본)

초판 발행일 | 2024년 2월 20일

지 은 이 | (사)훈민정음기념사업회 인증 / 박재성 엮음
발 행 인 | 배수현
표지디자인 | 유재헌
본문디자인 | 김미혜
책임감수 | 김동연
편집위원 | 김보영 박화연 홍수연
자료제공 | 박영덕

펴 낸 곳 | 가나북스 www.gnbooks.co.kr
출판등록 | 제393-2009-000012호
주   소 | 경기도 파주시 율곡로 1406
문   의 | (031)959-8833
팩   스 | (031)959-8834

ISBN | 979-11-6446-094-6(13700)

머리말

훈민정음은 대한국인에게 주신 영원한 최고의 선물

사람은 글씨를 통해 마음을 표현하므로 글씨는 마음을 전달하는 수레라고 할 수 있습니다. 따라서 '마음이 바르면 글씨도 바르다[心正則筆正]'고 합니다. 오만 원권 지폐에서 우리에게 낯익은 신사임당이 만 원권 지폐에서도 만날 수 있는 이율곡에게 전한 말입니다.

예로부터 글씨는 그 사람의 상태를 대변한다고 합니다. 올바른 몸가짐, 겸손하고 정직한 말씨, 바른 글씨체, 공정한 판단력이라는 '신언서판(身言書判)'은 글씨로 마음을 다스릴 수 있는 사람에게 나랏일을 맡겼다는 의미입니다. 그래서 글씨는 의사소통의 도구라고 표현하는데, 우리는 의사소통의 도구 중에 가장 쉽고 간략하여 효과적으로 의사 표현을 할 수 있으므로 세계인이 부러워하는 특별한 방법을 갖고 있습니다.

전 세계에 존재하는 70여 개의 문자 중에서 유일하게 창제자 · 창제연도 · 창제원리를 알 수 있는 독창성과 창작성으로 유네스코에 인류문화 유산으로 등재되어 세계에서 가장 우수한 문자로 인정받는 위대한 문자 훈민정음이 바로 그것입니다. 그런데 우리는 세종대왕이 주신 위대하고 영원한 선물을 제대로 활용하지 못하고 오히려 파괴하고 있습니다.

더욱이 현대인은 스마트폰과 컴퓨터 생활로 글씨를 쓰는 기회가 점점 사라지고 키보드로 글을 치게 됩니다. 이것은 지구상에 존재하는 생명체 중에 인간만이 누릴 수 있는 글씨 쓰는 특권을 포기하는 것과 마찬가지입니다. 키보드와 마우스가 대세인 젊은 세대일수록 손으로 글씨를 많이 써야 하는 이유이기도 합니다.

이제부터라도 대한국인이라면 반드시 『훈민정음 해례본』을 한 번쯤 직접 써보면서 대강의 내용이라도 알고 세계 최고의 문자 훈민정음을 보유한 후예로서 자긍심을 가져야 할 것입니다.

끝으로 귀한 목판본 자료를 제공해 주신 충청북도 무형문화재 제28호 각자장인 박영덕 훈민정음각자명장에게 깊은 감사를 드립니다.

사단법인 훈민정음기념사업회 이사장

교육학박사 **박재성**

예쁜 글씨, 바른 글씨가 꽃피는 나라

세계인에게 미지의 땅이었던 고요한 아침의 나라 한국은 지구촌 사람들이 꿈꾸는 동경의 대상으로 언젠가 한 번은 꼭 가보고 싶은 나라가 되었다. 세계의 어느 골목, 어느 언덕에서나 한류 문화의 아지랑이가 아롱아롱 피어나지 않는 곳이 없다. 한국의 소리, 한국인의 표정, 한국이 만든 상품이 최고 최상의 대우를 받으면서 인기를 누리고 있기 때문이다. 이는 단연코 한글의 저력에 힘입은 바 크다. K팝을 부르면서 한글을 익혔고, K드라마를 보면서 한국인의 말씨를 배운 사람들은 한국인의 문자 한글이 문명국의 문자 가운데서 가장 배우기 쉽고 식별이 단일하여 초심자가 언중(言衆) 속에 뛰어들어도 공포감에 질리지 않는다고 한다.

이는 세종대왕께서 1443년에 창제하신 훈민정음에서 비롯되었을 터이니, 이에 다시 한번 경의를 표하지 않을 수 없다.

이처럼 비견될 수 없을 만큼 존경스러운 문자를 가진 우리가 오늘날 읽고 말하면서도 잘 쓰려하지 않는다. 연필로, 철필로, 붓으로 만년필로 정성을 다해 꼭꼭 눌러 써오던 귀중한 체험을 내던지고 말았다. 물론, 컴퓨터, 휴대전화 등이 손글씨 쓰기의 수고를 대신해 주는 편리함 때문이리라. 그러나 이는 문화적 창조 활동의 일부를 스스로 저버리는 행위와 같다.

이러한 차제에 사단법인 훈민정음기념사업회에서 『훈민정음 해례본』과 『언해본』을 바탕으로 『훈민정음 경필쓰기 교본』을 만들어 보급하는 유익한 사업을 벌이매, 평생 글씨만 써온 사람으로서 기껍고 고마운 마음을 다해 이를 적극 추천한다. 우리의 국보요, 인류의 자랑인 훈민정음을 다양한 필기도구로

직접 씀으로써 그 고매한 정신과 불후의 가치를 육화(肉化)하고 생활화하는 일이야말로 사경(寫經)의 정성에 미치지 못한다 아니할 것이다.

훈민정음의 원본 서체를 보급하고, 그 고전적 품격을 융합하여 새로운 문화 창출에 이바지할 수 있는 전기를 마련함에도 큰 의의가 있을 줄 안다. 특히 이 사업의 일환으로 쓰기의 수준을 향상시켜 '경필 급수(硬筆級數)'를 사정, 개인 시상제를 운영한다 하니, 더욱 관심 있는 일이 아닐 수 없다.

이 교본이 세상에 나옴과 함께 글씨 쓰는 한국의 참모습을 널리 선양하여 그 어디서나 예쁜 글씨, 바른 글씨가 사람들의 마음과 몸을 더 아름답게 피워내는 꽃밭을 열어 글씨 향기 넘쳐나는 우리의 둘레가 되기를 바라면서 추천사에 가름한다.

사)세계문자서예협회 이사장
국립현대미술관초대작가 **김동연**

이 책의 효과

하나. 훈민정음을 배울 수 있습니다.

이 책은 문화체육관광부 소관 사단법인 훈민정음기념사업회가 훈민정음을 바르게 알리기 위해서 심혈을 기울여 현대에 맞게 번역하여 국민 누구나 쉽게 이해할 수 있도록 편집하였습니다.

둘. 문자 강국의 자긍심을 느낄 수 있습니다.

이 책은 전 세계에 존재하는 70여 개의 문자 중에서 유일하게 창제자 · 창제연도 · 창제원리를 알 수 있는 독창성과 창작성으로 유네스코에 인류문화 유산으로 등재되어 세계에서 가장 우수한 문자로 인정받는 위대한 문자 훈민정음을 보유한 문자 강국의 자긍심을 느낄 수 있도록 편집하였습니다.

셋. 역사를 바르게 알 수 있습니다.

이 책은 『훈민정음 해례본』의 내용 풀이에만 그치지 않고, 내용 중에 이해하기 어려운 용어도 미주에 보충 설명을 하여서 독자 누구나 바르게 이해할 수 있도록 편집하였습니다.

넷. 한자를 바르게 알고 쓸 수 있습니다.

이 책은 『훈민정음 해례본』의 한자 및 한자어를 분석하여 사용된 725자의 한자에 대한 훈음은 물론 글씨 쓰기의 기본을 책 앞에 실어서 독자 누구나 한자를 바르게 알고 쓸 수 있도록 편집하였습니다.

다섯. 글씨를 예쁘게 쓸 수 있습니다.

이 책은 스마트폰과 컴퓨터 생활로 글씨를 쓰는 기회가 점점 사라지는 현대인에게 마음을 표현할 수 있는 예쁜 글씨를 써볼 수 있도록 편집하였습니다.

여섯. 일석삼조의 효과를 얻을 수 있습니다.

이 책은 『훈민정음 해례본』에 대한 내용의 이해는 물론, 훈민정음의 창제원리를 배울 수 있고, 사단법인 훈민정음기념사업회가 주최하는 〈훈민정음 경필쓰기 검정〉에도 응시할 수 있는 일석삼조의 효과를 얻을 수 있도록 편집하였습니다.

글씨 쓰기의 기본

1. 경필(硬단단할 경 · 筆붓 필)

뾰족한 끝을 반으로 가른 얇은 쇠붙이로 만든 촉을 대에 꽂아 잉크를 찍어서 글씨를 쓰는 도구라는 뜻이지만, 동양의 대표적인 필기구인 붓이 부드러운 털로 이루어졌다는 뜻에 대해서 단단한 재료로 만들어진 글씨 쓰는 도구란 의미로 펜, 연필, 철필, 만년필 등을 이른다.

2. 글씨를 잘 쓰는 방법

1) 바른 자세로 써야 한다.

2) 경필 글씨 공부는 연필로 쓰는 것이 좋다.

3) 글자의 비율을 맞추면서 크게 써보는 것이 좋다.

4) 모범 글씨를 보고 똑같이 써보려고 노력한다.

5) 반복해서 자꾸 써보는 노력이 가장 중요하다.

3. 자획(字글자 자 · 畫그을 획)

글자를 이루는 선과 점 하나하나를 획이라 한다. 즉 글자를 쓸 때 한번 펜(또는 붓)을 종이에 대었다가 자연스럽게 뗄 때까지 계속된 점이나 선이 한 획이 된다.

4. 필순(筆붓 필 · 順순서 순)

글자를 쓸 때는 일반적으로 정해진 순서에 따라 써야 하는데, 글자의 획을 써 나가는 순서를 필순이라 한다.

5. 해례본에 나오는 주요 한자의 필순

1) 위에서 아래로 쓴다.

　예) 三, 言, 工 ,亡

2) 왼쪽에서 오른쪽으로 쓴다.

　예) 川, 仙, 州

3) 좌우의 획이 대칭될 때는 가운데 획을 먼저 쓴다.

　예) 小, 水, 樂

4) 가로와 세로획이 교차할 때는 가로획을 먼저 쓴다.

　예) 十, 木, 井

5) 삐침과 파임이 만날 때는 삐침을 먼저 쓴다.

　　예) 人, 大, 更

6) 둘러싼 모양의 글자는 바깥쪽을 먼저 쓴다.

　　예) 月, 用, 同

7) 가운데를 꿰뚫는 획은 가장 나중에 쓴다.

　　예) 事, 中, 肅

8) 허리를 긋는 획은 가장 나중에 쓴다.

　　예) 母, 女, 毋

9) 아래로 에운 획은 나중에 쓴다.

　　예) 也, 世, 匕

10) 받침을 나중에 쓰는 경우. (辶(辵), 廴)

　　예) 近, 建

11) 받침을 먼저 쓰는 경우. (走, 是, 免)

　　예) 起, 題, 勉

12) 위에서 아래로 싼 획은 먼저 쓴다.

　　예) 力, 方, 刀

13) 오른쪽 위의 점과 밑에 있는 점은 맨 나중에 쓴다.

　　예) 代, 犬, 太

14) 삐침이 짧고 가로획이 길면 삐침을 먼저 쓴다.

　　예) 有, 右, 布

※ 영자팔법(永길 영 · 字글자 자 · 八여덟 팔 · 法법 법)

　'永' 자에 포함된 8가지 기본적인 筆法(필법). '永' 자의 각 획이 한자의 운필법에서의 모든 기본을 포함하고 있다고 하여 예로부터 '영자팔법'이란 명칭을 썼으며, 서법의 전수와 습자의 초보 단계의 한 방법으로 이용됐다.

　각부의 명칭은 運筆(운필)의 순서에 따라서 ①側(측) ②勒(늑) ③努(노) ④趯(적) ⑤策(책) ⑥掠(략) ⑦啄(탁) ⑧磔(책)의 8 법이다.

영자팔법 永	側	측은 점	策	책은 지침
	勒	늑은 가로긋기	掠	략은 좌삐침
	努	노는 내리긋기	啄	탁은 좌별
	趯	적은 갈고리	磔	책은 우날(파임)

목차

엮은이 소개

나랏말ᄊᆞ미

異
잉
孚
뽕
中
듕
國
귁
에
달
아

나랏말ᄊᆞ미

異
잉
孚
뽕
ᄂᆞᆫ
다
ᄅᆞᆯ
ᄊᆡ

異
잉
孚
뽕
ᄂᆞᆫ
아
모

훈민정음 해례본

경필쓰기

訓民正音
훈 민 정 음

백성을 가르치는 바른 소리

訓	民	正	音						

國之語音異乎中國與文字
국 지 어 음 이 호 중 국 여 문 자

나라의 말씀이 중국과 달라서, 문자로는

國	之	語	音	異	乎	中	國	與	文	字

不相流通故愚民有所欲言
불 상 유 통 고 우 민 유 소 욕 언

서로 통하지 아니하므로, 이런 까닭으로 어리석은 백성이 이르고자 하는 바가 있어도,

不	相	流	通	故	愚	民	有	所	欲	言

而終不得伸其情者多矣予
이 종 부 득 신 기 정 자 다 의 여

마침내 제 뜻을 나타내지 못하는 사람이 많다. 내가

而	終	不	得	伸	其	情	者	多	矣	予

為此憫然新制二十八字欲
위 차 민 연 신 제 이 십 팔 자 욕

이를 위하여 불쌍히 여겨서, 새로 스물여덟 글자를 만드니,

為	此	憫	然	新	制	二	十	八	字	欲

使人人易習便於日用耳
사 인 인 이 습 편 어 일 용 이

사람마다 하여금 쉽게 익혀서, 날마다 쓰기에 편하게 하고자 할 따름이니라.

使	人	人	易	習	便	於	日	用	耳

ㄱ牙音如君字初發聲
아 음 여 군 자 초 발 성

ㄱ는 어금닛소리이니, 君(군)자의 처음 피어나는 소리 같으니

ㄱ	牙	音	如	君	字	初	發	聲

並書如虯字初發聲
병 서 여 규 자 초 발 성

나란히 쓰면 虯(뀨)자의 처음 피어나는 소리 같으니라.

並	書	如	虯	字	初	發	聲	

ㅋ	牙	音	如	快	字	初	發	聲
아	음	여	쾌	자	초	발	성	

ㅋ는 어금닛소리이니, 快(쾡) 자의 처음 피어나는 소리 같으니라.

ㅋ	牙	音	如	快	字	初	發	聲	

ㆁ	牙	音	如	業	字	初	發	聲
아	음	여	업	자	초	발	성	

ㆁ는 어금닛소리이니, 業(업) 자의 처음 피어나는 소리 같으니라.

ㆁ	牙	音	如	業	字	初	發	聲	

ㄷ	舌	音	如	斗	字	初	發	聲
설	음	여	두	자	초	발	성	

ㄷ는 혓소리이니, 斗(둡) 자의 처음 피어나는 소리 같으니

ㄷ	舌	音	如	斗	字	初	發	聲	

並	書	如	覃	字	初	發	聲
병	서	여	담	자	초	발	성

나란히 쓰면 覃(땀) 자의 처음 피어나는 소리 같으니라.

並	書	如	覃	字	初	發	聲	

ㅌ 舌音 如吞字 初發聲
설 음 여 탄 자 초 발 성

ㅌ는 혓소리이니, 呑(툰) 자의 처음 피어나는 소리 같으니라.

ㅌ	舌	音	如	呑	字	初	發	聲	

ㄴ 舌音 如那字 初發聲
설 음 여 나 자 초 발 성

ㄴ는 혓소리이니, 那(낭) 자의 처음 피어나는 소리 같으니라.

ㄴ	舌	音	如	那	字	初	發	聲	

ㅂ 脣音 如彆字 初發聲
순 음 여 별 자 초 발 성

ㅂ는 입술소리이니, 彆(볋) 자의 처음 피어나는 소리 같으니

ㅂ	脣	音	如	彆	字	初	發	聲	

並書 如步字 初發聲
병 서 여 보 자 초 발 성

나란히 쓰면 步(뽕) 자의 처음 피어나는 소리 같으니라.

並	書	如	步	字	初	發	聲	

ㅍ	脣	音	如	漂	字	初	發	聲
순	음	여	표	자	초	발	성	

ㅍ는 입술소리이니, 漂(퓽) 자의 처음 피어나는 소리 같으니라.

ㅍ	脣	音	如	漂	字	初	發	聲	

ㅁ	脣	音	如	彌	字	初	發	聲
순	음	여	미	자	초	발	성	

ㅁ는 입술소리이니, 彌(밍) 자의 처음 피어나는 소리 같으니라.

ㅁ	脣	音	如	彌	字	初	發	聲	

ㅈ	齒	音	如	卽	字	初	發	聲
치	음	여	즉	자	초	발	성	

ㅈ는 잇소리이니, 卽(즉) 자의 처음 피어나는 소리 같으니

ㅈ	齒	音	如	卽	字	初	發	聲	

	並	書	如	慈	字	初	發	聲
	병	서	여	자	자	초	발	성

나란히 쓰면 慈(쯩) 자의 처음 피어나는 소리 같으니라.

	並	書	如	慈	字	初	發	聲	

大	齒	音	如	侵	字	初	發	聲
치	음	여	침	자	초	발	성	

ᄎ는 잇소리이니, 侵(침) 자의 처음 피어나는 소리 같으니라.

ᄎ	齒	音	如	侵	字	初	發	聲

∧	齒	音	如	戌	字	初	發	聲
치	음	여	술	자	초	발	성	

ᄉ는 잇소리이니, 戌(슏) 자의 처음 피어나는 소리 같으니

ᄉ	齒	音	如	戌	字	初	發	聲

並	書	如	邪	字	初	發	聲
병	서	여	사	자	초	발	성

나란히 쓰면 邪(쌍) 자의 처음 피어나는 소리 같으니라.

並	書	如	邪	字	初	發	聲

ᅙ	喉	音	如	挹	字	初	發	聲
후	음	여	읍	자	초	발	성	

ᅙ는 목구멍소리이니, 挹(읍) 자의 처음 피어나는 소리 같으니라.

ᅙ	喉	音	如	挹	字	初	發	聲

| ㆆ | 喉 | 音 | 如 | 虛 | 字 | 初 | 發 | 聲 |
| 후 | 음 | | 여 | 허 | 자 | 초 | 발 | 성 |

ㆆ는 목구멍소리이니, 虛(형) 자의 처음 피어나는 소리 같으니

| ㆆ | 喉 | 音 | 如 | 虛 | 字 | 初 | 發 | 聲 | |
| | | | | | | | | | |

| 並 | 書 | 如 | 洪 | 字 | 初 | 發 | 聲 |
| 병 | 서 | 여 | 홍 | 자 | 초 | 발 | 성 |

나란히 쓰면 洪(ᅘᅩᆼ) 자의 처음 피어나는 소리 같으니라.

| 並 | 書 | 如 | 洪 | 字 | 初 | 發 | 聲 | |
| | | | | | | | | |

| ○ | 喉 | 音 | 如 | 欲 | 字 | 初 | 發 | 聲 |
| 후 | 음 | | 여 | 욕 | 자 | 초 | 발 | 성 |

ㅇ는 목구멍소리이니, 欲(욕) 자의 처음 피어나는 소리 같으니라.

| ○ | 喉 | 音 | 如 | 欲 | 字 | 初 | 發 | 聲 | |
| | | | | | | | | | |

| ㄹ | 半 | 舌 | 音 | 如 | 閭 | 字 | 初 | 發 | 聲 |
| 반 | 설 | 음 | | 여 | 려 | 자 | 초 | 발 | 성 |

ㄹ는 반혓소리이니, 閭(령) 자의 처음 피어나는 소리 같으니라.

| ㄹ | 半 | 舌 | 音 | 如 | 閭 | 字 | 初 | 發 | 聲 | |
| | | | | | | | | | | |

△半齒音如穰字初發聲
반 치 음 여 양 자 초 발 성

△는 반잇소리이니, 穰(양) 자의 처음 피어나는 소리 같으니라.

△	半	齒	音	如	穰	字	初	發	聲

・如吞字中聲
여 탄 자 중 성

・는 吞(툰) 자의 가운뎃소리 같으니라.

・	如	吞	字	中	聲

一如即字中聲
여 즉 자 중 성

一는 即(즉) 자의 가운뎃소리 같으니라.

一	如	即	字	中	聲

ㅣ如侵字中聲
여 침 자 중 성

ㅣ는 侵(침) 자의 가운뎃소리 같으니라.

ㅣ	如	侵	字	中	聲

ㅗ	如	洪	字	中	聲
여	홍	자	중	성	

ㅗ는 洪(홍) 자의 가운뎃소리 같으니라.

ㅗ	如	洪	字	中	聲	

ㅏ	如	覃	字	中	聲
여	담	자	중	성	

ㅏ는 覃(땀) 자의 가운뎃소리 같으니라.

ㅏ	如	覃	字	中	聲	

ㅜ	如	君	字	中	聲
여	군	자	중	성	

ㅜ는 君(군) 자의 가운뎃소리 같으니라.

ㅜ	如	君	字	中	聲	

ㅓ	如	業	字	中	聲
여	업	자	중	성	

ㅓ는 業(업) 자의 가운뎃소리 같으니라.

ㅓ	如	業	字	中	聲	

ㅛ 如欲字中聲
여 욕 자 중 성

ㅛ는 欲(욕) 자의 가운뎃소리 같으니라.

ㅛ	如	欲	字	中	聲	

ㅑ 如穰字中聲
여 양 자 중 성

ㅑ는 穰(양) 자의 가운뎃소리 같으니라.

ㅑ	如	穰	字	中	聲	

ㅠ 如戌字中聲
여 슐 자 중 성

ㅠ는 戌(슐) 자의 가운뎃소리 같으니라.

ㅠ	如	戌	字	中	聲	

ㅕ 如彆字中聲
여 별 자 중 성

ㅕ는 彆(볋) 자의 가운뎃소리 같으니라.

ㅕ	如	彆	字	中	聲	

終	聲	復	用	初	聲	○	連	書	脣	音
종	성	부	용	초	성		연	서	순	음

끝소리는 첫소리를 다시 쓰느니라. ○를 입술소리의

終	聲	復	用	初	聲	○	連	書	脣	音

之	下	則	爲	脣	輕	音	初	聲	合	用
지	하	즉	위	순	경	음	초	성	합	용

아래에 이어 쓰면 입술가벼운소리 되느니라. 첫소리를 어울려 쓸 때

之	下	則	爲	脣	輕	音	初	聲	合	用

則	並	書	終	聲	同	·	ㅡ	ㅗ	ㅜ	ㅛ
즉	병	서	종	성	동					

나란히 쓰라. 끝소리도 마찬가지이다. ·와 ㅡ와 ㅗ와 ㅜ와 ㅛ와

則	並	書	終	聲	同	·	ㅡ	ㅗ	ㅜ	ㅛ

ㅠ	附	書	初	聲	之	下	ㅣ	ㅏ	ㅓ	ㅑ
부	서	초	성	지	하					

ㅠ는 첫소리의 아래에 붙여 쓰고 ㅣ와 ㅏ와 ㅓ와 ㅑ와

ㅠ	附	書	初	聲	之	下	ㅣ	ㅏ	ㅓ	ㅑ

ㅑ 附 書 於 右 凡 字 必 合 而 成
부 서 어 우 범 자 필 합 이 성

ㅑ는 오른쪽에 붙여 쓰라. 무릇 글자는 반드시 합쳐져야

ㅑ	附	書	於	右	凡	字	必	合	而	成

音 左 加 一 點 則 去 聲 二 則 上
음 좌 가 일 점 즉 거 성 이 즉 상

소리(음절)를 이루나니. 왼쪽에 한 점을 더하면 곧 높은 소리요, 점이 둘이면

音	左	加	一	點	則	去	聲	二	則	上

聲 無 則 平 聲 入 聲 加 點 同 而
성 무 즉 평 성 입 성 가 점 동 이

처음이 낮고 나중이 높은 소리요, 없으면 낮고 평평한 소리요, 입성은 점을 더함은 같으나

聲	無	則	平	聲	入	聲	加	點	同	而

促 急
촉 급

빠르니라.

促	急	

訓民正音解例
훈 민 정 음 해 례

훈민정음을 이해하기 쉽도록 예를 들어서 풀이함.

訓	民	正	音	解	例

制字解
제 자 해

새로 만든 글자의 원리와 방법, 특성 등을 설명한 풀이

制	字	解

天地之道一陰陽五行而已坤復
천 지 지 도 일 음 양 오 행 이 이 곤 복

천지의 도는 한 음양오행뿐이다. 坤(곤)[1]과 復(복)[2]의

天	地	之	道	一	陰	陽	五	行	而	已	坤	復

之間為太極而動靜之後為陰陽
지 간 위 태 극 이 동 정 지 후 위 음 양

사이가 태극이 되고, 움직이고 멈춘 뒤에 음양이 된다.

之	間	為	太	極	而	動	靜	之	後	為	陰	陽

凡有生類在天地之間者捨陰陽
범 유 생 류 재 천 지 지 간 자 사 음 양

무릇 천지 사이에 살고 있는 무리들이 음양을 버리고

凡 有 生 類 在 天 地 之 間 者 捨 陰 陽

而何之故人之聲音皆有陰陽之
이 하 지 고 인 지 성 음 개 유 음 양 지

어디로 갈 것인가? 그러므로 사람의 소리에도 모두 음양의

而 何 之 故 人 之 聲 音 皆 有 陰 陽 之

理顧人不察耳今正音之作初非
이 고 인 불 찰 이 금 정 음 지 작 초 비

이치가 있지만, 사람이 살피지 못할 따름이다. 이제 정음을 만든 것도, 처음부터

理 顧 人 不 察 耳 今 正 音 之 作 初 非

智營而力索但因其聲音而極其
지 영 이 력 색 단 인 기 성 음 이 극 기

지혜로 경영하고 힘써 찾은 것이 아니다. 다만, 그 말소리로 인하여 그

智 營 而 力 索 但 因 其 聲 音 而 極 其

理而已理既不二則何得不與天

이 이 이 이 기 불 이 즉 하 득 불 여 천

이치를 다할 따름이다. 이치가 이미 둘이 아니거늘, 어찌 능히 하늘과

理 而 已 理 既 不 二 則 何 得 不 與 天

地鬼神同其用也正音二十八字

지 귀 신 동 기 용 야 정 음 이 십 팔 자

땅과 귀신과 더불어 그 씀을 함께 하지 않을 수 있겠는가? 정음 스물여덟 글자는

地 鬼 神 同 其 用 也 正 音 二 十 八 字

各象其形而制之初聲凡十七字

각 상 기 형 이 제 지 초 성 범 십 칠 자

각각 다음과 같은 모양을 본떠서 만들었다. 첫소리는 무릇 열일곱 글자이다.

各 象 其 形 而 制 之 初 聲 凡 十 七 字

牙音ㄱ象舌根閉喉之形舌音ㄴ

아 음 상 설 근 폐 후 지 형 설 음

어금닛소리 ㄱ는 허뿌리가 목구멍을 막는 모양을 본뜨고, 혓소리 ㄴ는

牙 音 ㄱ 象 舌 根 閉 喉 之 形 舌 音 ㄴ

象舌附上腭之形脣音ㅁ象口形

상 설 부 상 악 지 형 순 음 상 구 형

혀가 위턱(윗잇몸)에 붙는 모양을 본뜨고, 입술소리 ㅁ는 입 모양을 본뜨고,

象 舌 附 上 腭 之 形 脣 音 ㅁ 象 口 形

齒音ㅅ象齒形喉音ㅇ象喉形ㅋ

치 음 상 치 형 후 음 상 후 형

잇소리 ㅅ는 이빨 모양을 본뜨고, 목구멍소리 ㅇ는 목구멍 모양을 본떴다. ㅋ는

齒 音 ㅅ 象 齒 形 喉 音 ㅇ 象 喉 形 ㅋ

比ㄱ聲出稍厲故加畫ㄴ而ㄷㄷ

비 성 출 초 려 고 가 획 이

ㄱ에 비해 소리가 세게 나는 까닭으로 획을 더하였다. ㄴ에서 ㄷ, ㄷ에서

比 ㄱ 聲 出 稍 厲 故 加 畫 ㄴ 而 ㄷ ㄷ

而ㅌㅁ而ㅂㅂ而ㅍㅅ而ㅈㅈ而

이 이 이 이 이

ㅌ, ㅁ에서 ㅂ, ㅂ에서 ㅍ, ㅅ에서 ㅈ, ㅈ에서

而 ㅌ ㅁ 而 ㅂ ㅂ 而 ㅍ ㅅ 而 ㅈ ㅈ 而

ㅊ, ○에서 ㆆ, ㆆ에서 ㅎ로도, 그 소리를 바탕으로 획을 더한

ㅊ ○ 而 ㆆ ㆆ 而 ㅎ 其 因 聲 加 畫 之

義 皆 同 而 唯 ㆁ 為 異 半 舌 音 ㄹ 半
의 개 동 이 유 위 이 반 설 음 반

뜻은 모두 같으나, 오직 ㆁ만은 달리했다. 반혓소리 ㄹ, 반잇소리

義 皆 同 而 唯 ㆁ 為 異 半 舌 音 ㄹ 半

齒 音 △ 亦 象 舌 齒 之 形 而 異 其 體
치 음 역 상 설 치 지 형 이 이 기 체

△도 또한 혀와 이의 모양을 본떴으나 그 모양새를 달리해서,

齒 音 △ 亦 象 舌 齒 之 形 而 異 其 體

無 加 畫 之 義 焉 夫 人 之 有 聲 本 於
무 가 획 지 의 언 부 인 지 유 성 본 어

획을 더한 뜻은 없다. 대저 사람이 소리를 가짐은

無 加 畫 之 義 焉 夫 人 之 有 聲 本 於

五行故合諸四時而不悖叶之五
오 행 고 합 제 사 시 이 불 패 협 지 오

오행[3]에 근본을 두고 있다. 그러므로, 네 계절과 어울려 보아도 어그러지지 않고, 오음[4]에 맞추어도

五行故合諸四時而不悖叶之五

音而不戾喉邃而潤水也聲虛而
음 이 불 려 후 수 이 윤 수 야 성 허 이

어긋나지 않는다. 목구멍은 깊고 젖어 있으니, 물에 해당한다. 소리는 비어 있으면서

音而不戾喉邃而潤水也聲虛而

通如水之虛明而流通也於時為
통 여 수 지 허 명 이 유 통 야 어 시 위

통하니, 물이 투명하고 흘러 통하는 것과 같다. 계절로는

通如水之虛明而流通也於時為

冬於音為羽牙錯而長木也聲似
동 어 음 위 우 아 착 이 장 목 야 성 사

겨울이 되고, 소리로는 羽(우)[5]가 된다. 어금니는 어긋나고 기니, 나무에 해당한다. 소리는 마치

冬於音為羽牙錯而長木也聲似

喉而實如木之生於水而有形也
후 이 실 여 목 지 생 어 수 이 유 형 야

목구멍과 비슷하나 차 있으니, 나무가 물에서 나서 형체가 있는 것과 같다.

喉	而	實	如	木	之	生	於	水	而	有	形	也

於時為春於音為角舌銳而動火
어 시 위 춘 어 음 위 각 설 예 이 동 화

계절로는 봄이 되고, 소리로는 角(각)[6]이 된다. 혀는 날카로우면서 움직이니, 불에 해당한다.

於	時	為	春	於	音	為	角	舌	銳	而	動	火

也聲轉而颺如火之轉展而揚揚
야 성 전 이 양 여 화 지 전 전 이 양 양

소리가 구르고 날리니, 불이 구르고 퍼져 휘날리는 것과 같다.

也	聲	轉	而	颺	如	火	之	轉	展	而	揚	揚

也於時為夏於音為徵齒剛而斷
야 어 시 위 하 어 음 위 치 치 강 이 단

계절로는 여름이 되고, 소리로는 徵(치)[7]가 된다. 이는 단단하고 물건을 끊으니,

也	於	時	為	夏	於	音	為	徵	齒	剛	而	斷

금 야 성 설 이 체 여 금 지 설 쇄 이 단

쇠에 해당한다. 소리가 부스러지고 걸리니, 쇠가 부스러져 가루가 되고 단련되어

金也聲屑而滯如金之屑瑣而鍜

成也於時為秋於音為商脣方而

성 야 어 시 위 추 어 음 위 상 순 방 이

이루어지는 것과 같다. 계절로는 가을이 되고, 소리로는 商(상)[8]이 된다. 입술은 사각형이면서

成也於時為秋於音為商脣方而

合土也聲含而廣如土之含蓄萬

합 토 야 성 함 이 광 여 토 지 함 축 만

합해지니, 흙에 해당한다. 소리가 머금고 넓으니, 땅이 만물을 품어서

合土也聲含而廣如土之含蓄萬

物而廣大也於時為季夏於音為

물 이 광 대 야 어 시 위 계 하 어 음 위

넓고 큰 것과 같다. 계절로는 늦여름이 되고, 소리로는

物而廣大也於時為季夏於音為

宮 然 水 乃 生 物 之 源 火 乃 成 物 之
궁 연 수 내 생 물 지 원 화 내 성 물 지

宮(궁)9)이 된다. 그러나 물은 만물을 낳는 근원이요, 불은 만물을 이루어 내는

宮	然	水	乃	生	物	之	源	火	乃	成	物	之

用 故 五 行 之 中 水 火 為 大 喉 乃 出
용 고 오 행 지 중 수 화 위 대 후 내 출

작용을 한다. 그러므로 오행 중에서는 물과 불이 으뜸이 된다. 목구멍은

用	故	五	行	之	中	水	火	為	大	喉	乃	出

聲 之 門 舌 乃 辨 聲 之 管 故 五 音 之
성 지 문 설 내 변 성 지 관 고 오 음 지

소리가 나오는 문이요, 혀는 소리를 변별해내는 기관이다. 그러므로 오음의

聲	之	門	舌	乃	辨	聲	之	管	故	五	音	之

中 喉 舌 為 主 也 喉 居 後 而 牙 次 之
중 후 설 위 주 야 후 거 후 이 아 차 지

가운데에 목구멍소리와 혓소리가 주가 된다. 목구멍은 뒤에 있고 어금니는 그다음이니,

中	喉	舌	為	主	也	喉	居	後	而	牙	次	之

北東之位也舌齒又次之南西之

북 동 지 위 야 설 치 우 차 지 남 서 지

북쪽과 동쪽의 방위다. 혀와 이는 그 앞에 있으니, 남쪽과 서쪽의

北東之位也舌齒又次之南西之

位也脣居末土無定位而寄旺四

위 야 순 거 말 토 무 정 위 이 기 왕 사

방위다. 입술은 끝에 있으니, 흙이 일정한 자리가 없어 네 계절에 기대어 왕성함을

位也脣居末土無定位而寄旺四

季之義也是則初聲之中自有陰

계 지 의 야 시 즉 초 성 지 중 자 유 음

뜻한다. 이는 곧 첫소리 가운데 스스로 음양,

季之義也是則初聲之中自有陰

陽五行方位之數也又以聲音清

양 오 행 방 위 지 수 야 우 이 성 음 청

오행, 방위의 수(數)가 있음이다. 또 소리의 청탁으로써

陽五行方位之數也又以聲音清

| 濁 | 而 | 言 | 之 | ㄱ | ㄷ | ㅂ | ㅈ | ㅅ | ㆆ | 為 | 全 | 清 |
| 탁 | 이 | 언 | 지 | | | | | | | 위 | 전 | 청 |

말하자면 ㄱ와 ㄷ와 ㅂ와 ㅈ와 ㅅ와 ㆆ는 전청[10]이 되고

濁	而	言	之	ㄱ	ㄷ	ㅂ	ㅈ	ㅅ	ㆆ	為	全	清

| ㅋ | ㅌ | ㅍ | ㅊ | ㅎ | 為 | 次 | 清 | ㄲ | ㄸ | ㅃ | ㅉ | ㅆ |
| | | | | | 위 | 차 | 청 | | | | | |

ㅋ와 ㅌ와 ㅍ와 ㅊ와 ㅎ는 차청[11]이 되고, ㄲ와 ㄸ와 ㅃ와 ㅉ와 ㅆ와

ㅋ	ㅌ	ㅍ	ㅊ	ㅎ	為	次	清	ㄲ	ㄸ	ㅃ	ㅉ	ㅆ

| ㆅ | 為 | 全 | 濁 | ㆁ | ㄴ | ㅁ | ㅇ | ㄹ | ㅿ | 為 | 不 | 清 |
| 위 | 전 | 탁 | | | | | | | | 위 | 불 | 청 |

ㆅ는 전탁[12]이 되고, ㆁ와 ㄴ와 ㅁ와 ㅇ와 ㄹ와 ㅿ는 불청

ㆅ	為	全	濁	ㆁ	ㄴ	ㅁ	ㅇ	ㄹ	ㅿ	為	不	清

| 不 | 濁 | ㄴ | ㅁ | ㅇ | 其 | 聲 | 冣 | 不 | 屬 | 故 | 次 | 序 |
| 불 | 탁 | | | | 기 | 성 | 최 | 불 | 려 | 고 | 차 | 서 |

불탁[13]이 되고, ㄴ와 ㅁ와 ㅇ는 그 소리가 가장 거세지 않다. 그러므로 순서가

不	濁	ㄴ	ㅁ	ㅇ	其	聲	最	不	屬	故	次	序

雖在於後而象形制字則爲之始
수 재 어 후 이 상 형 제 자 즉 위 지 시

비록 뒤에 있으나, 모양을 본떠서 글자를 만듦에는 처음으로 두었다.

雖	在	於	後	而	象	形	制	字	則	爲	之	始

ㅅㅈ雖皆爲全淸而ㅅ比ㅈ聲不
수 개 위 전 청 이 비 성 불

ㅅ와 ㅈ는 비록 모두 전청이지만, ㅅ는 ㅈ에 비해서 소리가

ㅅ	ㅈ	雖	皆	爲	全	淸	而	ㅅ	比	ㅈ	聲	不

屬故亦爲制字之始唯牙之ㆁ雖
려 고 역 위 제 자 지 시 유 아 지 수

세지 않다. 그러므로 또한 글자를 만듦에 처음으로 두었다. 다만 어금닛소리의 ㆁ는 비록

屬	故	亦	爲	制	字	之	始	唯	牙	之	ㆁ	雖

舌根閉喉聲氣出鼻而其聲與ㅇ
설 근 폐 후 성 기 출 비 이 기 성 여

혀뿌리가 목구멍을 닫고 소리의 기운이 코로 나오나, 그 소리가 ㅇ와

舌	根	閉	喉	聲	氣	出	鼻	而	其	聲	與	ㅇ

相似故韻書疑與喩多相混用今
상 사 고 운 서 의 여 유 다 상 혼 용 금

비슷하므로, 운서[14]도 疑(의)와 喩(유)와 자주 서로 혼용하며, 여기서도

相	似	故	韻	書	疑	與	喩	多	相	混	用	今

亦取象於喉而不爲牙音制字之
역 취 상 어 후 이 불 위 아 음 제 자 지

또한 목구멍의 모양을 본뜬 것을 취하되, 어금닛소리를 만드는 처음으로 두지 않았다.

亦	取	象	於	喉	而	不	爲	牙	音	制	字	之

始盖喉屬水而牙屬木ㆁ雖在牙
시 개 후 속 수 이 아 속 목 수 재 아

생각건대 목구멍은 물에 속하고 어금니는 나무에 속하므로 ㆁ가 비록 어금닛소리에 있지만

始	盖	喉	屬	水	而	牙	屬	木	ㆁ	雖	在	牙

而與ㅇ相似猶木之萌芽生於水
이 여 상 사 유 목 지 맹 아 생 어 수

ㅇ와 비슷한 것은, 마치 나무의 싹이 물에서 나와서

而	與	ㅇ	相	似	猶	木	之	萌	芽	生	於	水

而 柔 軟 尚 多 水 氣 也 ㄱ 木 之 成 質
이 유 연 상 다 수 기 야　　목 지 성 질

부드럽고 여려서, 아직 물기가 많은 것과 같다. ㄱ는 나무가 바탕을 이룬 것이요.

而 柔 軟 尚 多 水 氣 也 ㄱ 木 之 成 質

ㅋ 木 之 盛 長 ㄲ 木 之 老 壯 故 至 此
　목 지 성 장 　목 지 노 장 고 지 차

ㅋ는 나무가 무성히 자란 것이며, ㄲ는 나무가 나이가 들어 장년이 된 것이므로, 이에 이르기까지

ㅋ 木 之 盛 長 ㄲ 木 之 老 壯 故 至 此

乃 皆 取 象 於 牙 也 全 清 並 書 則 爲
내 개 취 상 어 아 야 전 청 병 서 즉 위

모두 어금니의 모양을 취했다. 전청을 나란히 쓰면

乃 皆 取 象 於 牙 也 全 清 並 書 則 爲

全 濁 以 其 全 清 之 聲 凝 則 爲 全 濁
전 탁 이 기 전 청 지 성 응 즉 위 전 탁

전탁이 된다. 그것은 전청의 소리가 엉기면 전탁이 되기 때문이다.

全 濁 以 其 全 清 之 聲 凝 則 爲 全 濁

也 唯 喉 音 次 清 為 全 濁 者 盖 以 ㆆ
야 유 후 음 차 청 위 전 탁 자 개 이

오직 목구멍소리만은 차청이 전탁이 되는 것은, 아마 ㆆ의

也 唯 喉 音 次 清 為 全 濁 者 盖 以 ㆆ

聲 深 不 為 之 凝 ㆆ 比 ㅎ 聲 淺 故 凝
성 심 불 위 지 응 비 성 천 고 응

소리가 깊어서 엉기지 않고, ㅎ는 ㆆ에 비해 소리가 얕다. 그러므로 엉기어

聲 深 不 為 之 凝 ㆆ 比 ㅎ 聲 淺 故 凝

而 為 全 濁 也 ○ 連 書 唇 音 之 下 則
이 위 전 탁 야 연 서 순 음 지 하 즉

전탁이 되는 것이다. ○를 입술소리 아래에 이어 쓰면

而 為 全 濁 也 ○ 連 書 唇 音 之 下 則

為 唇 輕 音 者 以 輕 音 唇 乍 合 而 喉
위 순 경 음 자 이 경 음 순 사 합 이 후

입술 가벼운 소리가 되는 것은, 가벼운 소리로서 입술이 잠깐 합쳐지고 목구멍

為 唇 輕 音 者 以 輕 音 唇 乍 合 而 喉

聲多也中聲凡十一字・舌縮而
성 다 야 중 성 범 십 일 자 ・ 설 축 이

소리가 많기 때문이다. 가운뎃소리는 무릇 열한 글자이다. ・는 혀가 오그라져서

聲多也中聲凡十一字・舌縮而

聲深天開於子也形之圓象乎天
성 심 천 개 어 자 야 형 지 원 상 호 천

소리가 깊으니, 하늘이 子時(자시)[15]에 열린 것이다. 모양이 둥근 것은 하늘을 본뜬 것이다.

聲深天開於子也形之圓象乎天

也一舌小縮而聲不深不淺地闢
야 설 소 축 이 성 불 심 불 천 지 벽

一는 혀가 조금 오그라져 소리가 깊지도 얕지도 않으니, 땅이

也一舌小縮而聲不深不淺地闢

於丑也形之平象乎地也丨舌不
어 축 야 형 지 평 상 호 지 야 설 불

丑時(축시)[16]에 열린 것이다. 모양이 평평한 것은 땅을 본뜬 것이다. 丨는 혀가

於丑也形之平象乎地也丨舌不

縮而聲淺人生於寅也形之立象
축 이 성 천 인 생 어 인 야 형 지 입 상

오그라지지 않아 소리가 얕으니, 사람이 寅時(인시)[17]에 생긴 것이다. 모양이 서 있음은

縮 而 聲 淺 人 生 於 寅 也 形 之 立 象

乎人也此下八聲一闔一闢‥與
호 인 야 차 하 팔 성 일 합 일 벽 여

사람을 본뜬 것이다. 이 아래의 여덟 소리는 하나는 닫힘이며 하나는 열림이다. ‥와

乎 人 也 此 下 八 聲 一 闔 一 闢 ‥ 與

·同而口蹙其形則 · 與一合而
동 이 구 축 기 형 즉 여 합 이

·는 같으나 입이 오므려지고, 그 모양은 ·가 ㅡ와 합하여져서

· 同 而 口 蹙 其 形 則 · 與 一 合 而

成象天地初交之義也ㅏ與·同
성 취 천 지 초 교 지 의 야 여 동

이름이며, 하늘과 땅이 처음으로 사귄다는 뜻을 취하였다. ㅏ는 ·와 같으나

成 取 天 地 初 交 之 義 也 ㅏ 與 · 同

而口張其形則ㅣ與·合而成取
이 구 장 기 형 즉 여 합 이 성 취

입이 벌어지고, 그 모양은 ㅣ가 ·와 합하여져서 이루어졌으며,

而口張其形則ㅣ與·合而成取

天地之用發於事物待人而成也
천 지 지 용 발 어 사 물 대 인 이 성 야

천지의 작용이 사물에서 피어나서 사람을 기다려서 이루어짐을 취하였다.

天地之用發於事物待人而成也

ᆞ與一同而口蹙其形則一與·
여 동 이 구 축 기 형 즉 여

ᆞ는 一와 같으나 입이 오므려지고, 그 모양이 一가 ·와

ᆞ與一同而口蹙其形則一與·

合而成亦取天地初交之義也ㅓ
합 이 성 역 취 천 지 초 교 지 의 야

합하여져서 이루어졌으며, 역시 하늘과 땅이 처음으로 사귄다는 뜻을 취하였다. ㅓ는

合而成亦取天地初交之義也ㅓ

與一同而口張其形則 · 與丨合
여 동 이 구 장 기 형 즉 여 합

一와 같으나 입이 벌어지고, 그 모양은 ·와 丨가 합하여져서

與	一	同	而	口	張	其	形	則	·	與	丨	合

而成亦取天地之用發於事物待
이 성 역 취 천 지 지 용 발 어 사 물 대

이루어졌으며, 역시 천지의 작용이 사물에서 발해

而	成	亦	取	天	地	之	用	發	於	事	物	待

人而成也ㅗ與一同而起於丨ㅑ
인 이 성 야 여 동 이 기 어

사람을 기다려서 이루어짐을 취하였다. ㅗ는 ㅡ와 같으나 丨에서 일어나고, ㅑ는

人	而	成	也	ㅗ	與	ㅡ	同	而	起	於	丨	ㅑ

與ㅏ同而起於丨ㅛ與ㅡ同而起
여 동 이 기 어 여 동 이 기

ㅏ와 같으나 丨에서 일어나고, ㅛ는 ㅡ와 같으나

與	ㅏ	同	而	起	於	丨	ㅛ	與	ㅡ	同	而	起

於 ㅣ ㅕ 與 ㅓ 同 而 起 於 ㅣ ㅡ ㅏ ㅜ

어　　　여　　동　이　기　어

ㅣ에서 일어나고, ㅕ는 ㅓ와 같으나 ㅣ에서 일어난다. ㅗ와 ㅏ와 ㅜ와

於 ㅣ ㅕ 與 ㅓ 同 而 起 於 ㅣ ㅡ ㅏ ㅜ

ㅓ 始 於 天 地 爲 初 出 也 ㅛ ㅑ ㅠ ㅕ

시　어　천　지　위　초　출　야

ㅓ는 하늘과 땅에서 비롯하니, 처음 나온 것이 된다. ㅗ와 ㅑ와 ㅠ와 ㅕ는

ㅓ 始 於 天 地 爲 初 出 也 ㅛ ㅑ ㅠ ㅕ

起 於 ㅣ 而 兼 乎 人 爲 再 出 也 ㅡ ㅏ

기　어　이　겸　호　인　위　재　출　야

ㅣ에서 일어나서 사람을 겸하니, 두 번째 나온 것이 된다. ㅗ와 ㅏ와

起 於 ㅣ 而 兼 乎 人 爲 再 出 也 ㅡ ㅏ

ㅠ ㅓ 之 一 其 圓 者 象 其 初 生 之 義

지　일　기　원　자　취　기　초　생　지　의

ㅗ와 ㅓ의 둥근 점이 하나인 것은, 처음에 생긴 뜻을 취한 것이다.

ㅗ ㅓ 之 一 其 圓 者 取 其 初 生 之 義

也 ᠁ ㅑ ᠁ ㅕ 之 二 其 圓 者 取 其 再

야　　　　　　지 이 기 원 자 취 기 재

᠁와 ㅑ와 ᠁와 ㅕ의 둥근 점이 둘인 것은, 두 번째로

也 ᠁ ㅑ ᠁ ㅕ 之 二 其 圓 者 取 其 再

生 之 義 也 ㅡ ㅏ ᠁ ㅑ 之 圓 居 上 與

생 지 의 야　　　　　　지 원 거 상 여

생긴 뜻을 취함이다. ㅡ와 ㅏ와 ᠁와 ㅑ의 둥근 점이 위와

生 之 義 也 ㅡ ㅏ ᠁ ㅑ 之 圓 居 上 與

外 者 以 其 出 於 天 而 為 陽 也 ㅡ ㅓ

외 자 이 기 출 어 천 이 위 양 야

밖에 있는 것은, 그것이 하늘에서 나와서 양이 되기 때문이며, ㅡ와 ㅓ와

外 者 以 其 出 於 天 而 為 陽 也 ㅡ ㅓ

᠁ ㅕ 之 圓 居 下 與 內 者 以 其 出 於

지 원 거 하 여 내 자 이 기 출 어

᠁와 ㅕ의 둥근 점이 아래와 안에 있는 것은, 그것이

᠁ ㅕ 之 圓 居 下 與 內 者 以 其 出 於

地而爲陰也‧之貫於八聲者猶
지 이 위 음 야 지 관 어 팔 성 자 유

땅에서 나와서 음이 되기 때문이다. ‧가 여덟 소리에 일관됨은, 마치

地 而 爲 陰 也 ‧ 之 貫 於 八 聲 者 猶

陽之統陰而周流萬物也ᅳ ᅣ ᅲ
양 지 통 음 이 주 류 만 물 야

양이 음을 거느려서 만물에 두루 흐름과 같다. ᅳ와 ᅣ와 ᅲ와

陽 之 統 陰 而 周 流 萬 物 也 ᅳ ᅣ ᅲ

ᅧ之皆兼乎人者以人爲萬物之
지 개 겸 호 인 자 이 인 위 만 물 지

ᅧ가 모두 사람을 겸한 것은, 사람이 만물의

ᅧ 之 皆 兼 乎 人 者 以 人 爲 萬 物 之

靈而能參兩儀也取象於天地人
영 이 능 참 양 의 야 취 상 어 천 지 인

영장[18]으로 능히 음양에 참여하기 때문이다. 하늘, 땅, 사람을 본뜬 것을 취하여

靈 而 能 參 兩 儀 也 取 象 於 天 地 人

而 三 才 之 道 備 矣 然 三 才 爲 萬 物
이 삼 재 지 도 비 의 연 삼 재 위 만 물

삼재(三才)[19]의 도리가 갖추어졌다. 그러나 삼재는 만물의

而 三 才 之 道 備 矣 然 三 才 爲 萬 物

之 先 而 天 又 爲 三 才 之 始 猶 · 一
지 선 이 천 우 위 삼 재 지 시 유

앞섬이 되고, 하늘은 또한 삼재의 근원이니, 마치 ·와 一와

之 先 而 天 又 爲 三 才 之 始 猶 · 一

丨 三 字 爲 八 聲 之 首 而 · 又 爲 三
삼 자 위 팔 성 지 수 이 우 위 삼

丨 세 글자가 여덟 글자의 우두머리가 되고, ·또한 세

丨 三 字 爲 八 聲 之 首 而 · 又 爲 三

字 之 冠 也 ᅳ 初 生 於 天 天 一 生 水
자 지 관 야 초 생 어 천 천 일 생 수

글자의 으뜸이 되는 것과 같다. ᅳ는 처음으로 하늘에서 생겨나니, 天 一이고 물을 낳는

字 之 冠 也 ᅳ 初 生 於 天 天 一 生 水

之 爲 也 ㅑ 次 之 天 三 生 木 之 爲 也
지 위 야　차 지 천 삼 생 목 지 위 야

자리이다. ㅑ는 그다음이니, 天 三이고 나무를 낳는 자리다.

之 爲 也 ㅑ 次 之 天 三 生 木 之 爲 也

ㅡ 初 生 於 地 地 二 生 火 之 位 也 ㅓ
초 생 어 지 지 이 생 화 지 위 야

ㅡ는 처음으로 땅에서 생겨나니, 地 二이고 불을 낳는 자리다. ㅓ는

ㅡ 初 生 於 地 地 二 生 火 之 位 也 ㅓ

次 之 地 四 生 金 之 爲 也 ㅛ 再 生 於
차 지 지 사 생 금 지 위 야　재 생 어

그다음이니, 地 四이고 쇠를 낳는 자리다. ㅛ는 두 번째로

次 之 地 四 生 金 之 爲 也 ㅛ 再 生 於

天 天 七 成 火 之 數 也 ㅑ 次 之 天 九
천 천 칠 성 화 지 수 야　차 지 천 구

하늘에서 생겨나니, 天 七이고 불을 이루어 내는 수이다. ㅑ는 그다음이니, 天 九이고

天 天 七 成 火 之 數 也 ㅑ 次 之 天 九

成金之數也ㅠ再生於地地六成

성 금 지 수 야 재 생 어 지 지 육 성

쇠를 이루어 내는 수이다. ㅠ는 두 번째로 땅에서 생겨나니, 地六이고

成金之數也ㅠ再生於地地六成

水之數也ㅕ次之地八成木之數

수 지 수 야 차 지 지 팔 성 목 지 수

물을 이루어 내는 수이다. ㅕ는 그다음이니, 地八이고 나무를 이루어 내는 수이다.

水之數也ㅕ次之地八成木之數

也水火未離乎氣陰陽交合之初

야 수 화 미 이 호 기 음 양 교 합 지 초

물과 불은 아직 氣에서 벗어나지 못하여, 음양이 사귀어 어우르는 시초이다.

也水火未離乎氣陰陽交合之初

故闔木金陰陽之定質故闢·天

고 합 목 금 음 양 지 정 질 고 벽 천

그러므로 (입이) 닫힌다. 나무와 쇠는 음양이 고정된 바탕이다. 그러므로, 열린다. ·는 天

故闔木金陰陽之定質故闢·天

五生土之位也一地十成土之數
오 생 토 지 위 야 지 십 성 토 지 수

五이고 흙을 낳는 자리이다. 一는 地 十이고 흙을 이루어 내는 수이다.

五	生	土	之	位	也	一	地	十	成	土	之	數

也丨獨無為數者盖以人則無極
야 독 무 위 수 자 개 이 인 즉 무 극

丨만 홀로 자리와 수가 없는 것은, 아마 사람은 무극[20]의

也	丨	獨	無	為	數	者	盖	以	人	則	無	極

之真二五之精妙合而凝固未可
지 진 이 오 지 정 묘 합 이 응 고 미 가

진리와 음양오행의 정수[21]가 묘하게 합하고 엉기어서, 본디 자리를

之	眞	二	五	之	精	妙	合	而	凝	固	未	可

以定位成數論也是則中聲之中
이 정 위 성 수 논 야 시 즉 중 성 지 중

정하고 수를 이루어 냄으로써 논할 수 없음일 것이다. 이는 곧 가운뎃소리 가운데에도

以	定	位	成	數	論	也	是	則	中	聲	之	中

亦自有陰陽五行方位之數也以
역 자 유 음 양 오 행 방 위 지 수 야 이

또한 스스로 음양 · 오행 · 방위의 수가 있음이다.

亦自有陰陽五行方位之數也以

初聲對中聲而言之陰陽天道也
초 성 대 중 성 이 언 지 음 양 천 도 야

첫소리로써 가운뎃소리에 대해 말하자면, 음과 양은 하늘의 도리이고,

初聲對中聲而言之陰陽天道也

剛柔地道也中聲者一深一淺一
강 유 지 도 야 중 성 자 일 심 일 천 일

단단함과 부드러움은 땅의 도리이다. 가운뎃소리란, 하나가 깊으면 하나는 얕고, 하나가

剛柔地道也中聲者一深一淺一

闔一闢是則陰陽分而五行之氣
합 일 벽 시 즉 음 양 분 이 오 행 지 기

닫히면 하나가 열리니, 이는 곧 음양이 나뉘고 오행의 기운이

闔一闢是則陰陽分而五行之氣

具 焉 天 之 用 也 初 聲 者 或 虛 或 實
구 언 천 지 용 야 초 성 자 혹 허 혹 실

갖추어짐이니, 하늘의 작용이다. 첫소리란, 어떤 것은 비어있고, 어떤 것은 차 있으며,

具 焉 天 之 用 也 初 聲 者 或 虛 或 實

或 颺 或 滯 或 重 若 輕 是 則 剛 柔 著
혹 양 혹 체 혹 중 약 경 시 즉 강 유 저

어떤 것은 날리고, 어떤 것은 걸리며, 어떤 것은 무겁거나 가벼우니, 이는 곧 단단함과 부드러움이 나타나서

或 颺 或 滯 或 重 若 輕 是 則 剛 柔 著

而 五 行 之 質 成 焉 地 之 功 也 中 聲
이 오 행 지 질 성 언 지 지 공 야 중 성

오행의 바탕을 이룸이니, 땅의 공로이다. 가운뎃소리가

而 五 行 之 質 成 焉 地 之 功 也 中 聲

以 深 淺 闔 闢 唱 之 於 前 初 聲 以 五
이 심 천 합 벽 창 지 어 전 초 성 이 오

깊고 얕음과 오므려지고 펴짐으로써 앞에서 부르면, 첫소리가 오음과

以 深 淺 闔 闢 唱 之 於 前 初 聲 以 五

音清濁和之於後而爲初亦爲終
음 청 탁 화 지 어 후 이 위 초 역 위 종

청탁으로써 뒤에서 화답하여, 첫소리가 되고 또 끝소리가 된다.

音清濁和之於後而爲初亦爲終

亦可見萬物初生於地復歸於地
역 가 견 만 물 초 생 어 지 복 귀 어 지

또한, 만물이 처음 땅에서 나서 다시 땅으로 돌아감을 볼 수

亦可見萬物初生於地復歸於地

也以初中終合成之字言之亦有
야 이 초 중 종 합 성 지 자 언 지 역 유

있다. 첫소리 · 가운뎃소리 · 끝소리가 합하여 이룬 글자로써 말하자면, 또한

也以初中終合成之字言之亦有

動靜互根陰陽交變之義焉動者
동 정 호 근 음 양 교 변 지 의 언 동 자

음직임과 멈추어 있음이 서로 근본이 되고 음과 양이 서로 바뀌는 뜻이 있는 것이다. 움직이는 것은

動靜互根陰陽交變之義焉動者

天也静者地也蒹互動静者人也
천 야 정 자 지 야 겸 호 동 정 자 인 야

하늘이요, 멈추어 있는 것은 땅이요, 음직임과 멈추어 있음을 겸한 것은 사람이다.

天也静者地也兼互動静者人也

盖五行在天則神之運也在地則
개 오 행 재 천 즉 신 지 운 야 재 지 즉

생각건대, 오행이 하늘에 있어서는 신의 운행이요, 땅에 있어서는

盖五行在天則神之運也在地則

質之成也在人則仁禮信義智神
질 지 성 야 재 인 즉 인 예 신 의 지 신

바탕의 이룸이요, 사람에 있어서는 인·예·신·의·지는 신의

質之成也在人則仁禮信義智神

之運也肝心脾肺腎質之成也初
지 운 야 간 심 비 폐 신 질 지 성 야 초

운행이요, 간장·심장·비장·폐장·신장은 바탕의 이룸이다. 첫소리는

之運也肝心脾肺腎質之成也初

聲 有 發 動 之 義 天 之 事 也 終 聲 有
성 유 발 동 지 의 천 지 사 야 종 성 유

발하여 움직이는 뜻이 있으니, 하늘의 일이다. 끝소리는

聲 有 發 動 之 義 天 之 事 也 終 聲 有

止 定 之 義 地 之 事 也 中 聲 承 初 之
지 정 지 의 지 지 사 야 중 성 승 초 지

그치고 정해지는 뜻이 있으니, 땅의 일이다. 가운뎃소리는 첫소리가

止 定 之 義 地 之 事 也 中 聲 承 初 之

生 接 終 之 成 人 之 事 也 盖 字 韻 之
생 접 종 지 성 인 지 사 야 개 자 운 지

생기는 것을 이어받아, 끝소리가 이루어주는 것을 이어주니, 사람의 일이다. 생각건대, 글자 운의

生 接 終 之 成 人 之 事 也 盖 字 韻 之

要 在 於 中 聲 初 終 合 而 成 音 亦 猶
요 재 어 중 성 초 종 합 이 성 음 역 유

핵심은 가운뎃소리에 있어, 첫소리와 끝소리를 합하여 소리를 이룬다. 또한, 마치

要 在 於 中 聲 初 終 合 而 成 音 亦 猶

天 地 生 成 萬 物 而 其 財 成 輔 相 則
천 지 생 성 만 물 이 기 재 성 보 상 즉

천지가 만물을 이루어도, 그것을 재성보상[22]하려면

天 地 生 成 萬 物 而 其 財 成 輔 相 則

必 賴 乎 人 也 終 聲 之 復 用 初 聲 者
필 뢰 호 인 야 종 성 지 부 용 초 성 자

반드시 사람에 힘입어야 하는 것과 같다. 끝소리를 첫소리에 다시 쓰는 것은

必 賴 乎 人 也 終 聲 之 復 用 初 聲 者

以 其 動 而 陽 者 乾 也 静 而 陰 者 亦
이 기 동 이 양 자 건 야 정 이 음 자 역

그것이 움직여서 陽인 것도 乾이요, 멈추어서 陰인 것도 또한

以 其 動 而 陽 者 乾 也 静 而 陰 者 亦

乾 也 乾 實 分 陰 陽 而 無 不 君 宰 也
건 야 건 실 분 음 양 이 무 불 군 재 야

乾이니, 乾은 사실 음양이 나뉘어 다스리지 않음이 없기 때문이다.

乾 也 乾 實 分 陰 陽 而 無 不 君 宰 也

一元之氣周流不窮四時之運循

일 원 지 기 주 류 불 궁 사 시 지 운 순

한 元의 기운이 두루 흘러서 다함이 없고, 네 계절의 운행이 순환하여

一	元	之	氣	周	流	不	窮	四	時	之	運	循

環無端故貞而復元冬而復春初

환 무 단 고 정 이 부 원 동 이 부 춘 초

끝이 없는 까닭으로 貞[23]이 가서 다시 元이 오고, 겨울이 가서 다시 봄이 오는 것이다,

環	無	端	故	貞	而	復	元	冬	而	復	春	初

聲之復爲終終聲之復爲初亦此

성 지 부 위 종 종 성 지 부 위 초 역 차

첫소리가 다시 끝소리로 됨도, 끝소리가 다시 첫소리가 됨도, 또한 이러한

聲	之	復	爲	終	終	聲	之	復	爲	初	亦	此

義也吁正音作而天地萬物之理

의 야 우 정 음 작 이 천 지 만 물 지 리

뜻이다. 아아! 정음이 만들어져서 천지 만물의 이치가.

義	也	吁	正	音	作	而	天	地	萬	物	之	理

咸備其神矣哉是殆天啓
함 비 기 신 의 재 시 태 천 계

모두 갖추어졌으니, 그 신령함이여! 이는 분명 하늘이

咸	備	其	神	矣	哉	是	殆	天	啓

聖心而假手焉者乎訣曰
성 심 이 가 수 언 자 호 결 왈

성인의 마음을 열어 솜씨를 빌려주신 것이로다. 요결[24]로 말하자면:

聖	心	而	假	手	焉	者	乎	訣	曰

天地之化本一氣
천 지 지 화 본 일 기

천지의 조화는 본래 하나의 기로,

天	地	之	化	本	一	氣

陰陽五行相始終
음 양 오 행 상 시 종

음양, 오행은 서로 처음과 끝이다.

陰	陽	五	行	相	始	終

物於兩間有形聲
물 어 양 간 유 형 성

만물이 둘 사이에서 형체와 소리가 있으나

	物	於	兩	間	有	形	聲

元本無二理數通
원 본 무 이 이 수 통

근본은 둘이 아니므로 이치와 수가 통한다.

	元	本	無	二	理	數	通

正音制字尚其象
정 음 제 자 상 기 상

정음의 글자 만듦에는 그 모양을 중요시해,

	正	音	制	字	尚	其	象	

因聲之屬每加畫
인 성 지 려 매 가 획

소리의 세기에 의해 그때마다 획을 더했다.

	因	聲	之	屬	每	加	畫	

音出牙舌脣齒喉
음 출 아 설 순 치 · 후

소리는 어금니·혀·입술·이·목구멍에서 나오니,

音	出	牙	舌	脣	齒	喉

是爲初聲字十七
시 위 초 성 자 십 칠

이것이 첫소리가 되어서 글자는 열일곱이로다.

是	爲	初	聲	字	十	七

牙象舌根閉喉形
아 취 설 근 폐 후 형

어금닛소리는 혀뿌리가 목구멍을 막는 모양이니,

牙	取	舌	根	閉	喉	形

唯業似欲象義別
유 업 사 욕 취 의 별

오직 ㆁ(業)은 ㅇ(欲)과 비슷하나, 뜻을 취함이 다르다.

唯	業	似	欲	取	義	別

舌迺象舌附上腭
설 내 상 설 부 상 악

헛소리는 혀끝이 윗잇몸에 붙은 모양이고,

舌	迺	象	舌	附	上	腭

脣則實是取口形
순 즉 실 시 취 구 형

입술소리는 바로 입의 모양을 그대로 취한 것이다.

脣	則	實	是	取	口	形

齒喉直取齒喉象
치 후 직 취 치 후 상

잇소리와 목구멍소리는 바로 이와 목구멍 모양이니,

齒	喉	直	取	齒	喉	象

知斯五義聲自明
지 사 오 의 성 자 명

이 다섯 가지의 뜻을 알면 소리가 스스로 밝아질 것이다.

知	斯	五	義	聲	自	明

又有半舌半齒音
우 유 반 설 반 치 음

또 반혓소리와 반잇소리가 있으나,

又	有	半	舌	半	齒	音

取象同而體則異
취 상 동 이 체 즉 이

모양 취함은 같되 형체가 다르다.

取	象	同	而	體	則	異

那彌戌欲聲不厲
나 미 슐 욕 성 불 려

ㄴ(那). ㅁ(彌). ㅅ(戌). ㆁ(欲)는 소리가 세지 않아서

那	彌	戌	欲	聲	不	厲

次序雖後象形始
차 서 수 후 상 형 시

차례는 비록 뒤로되, 상형은 시초다.

次	序	雖	後	象	形	始

配諸四時與冲氣
배 제 사 시 여 충 기

사계절과 충기[25]에 배합이 되어서

配	諸	四	時	與	冲	氣

五行五音無不協
오 행 오 음 무 불 협 。

오행과 오음에 맞지 않음이 없다.

五	行	五	音	無	不	協

維喉為水冬與羽
유 후 위 수 동 여 우

목구멍소리는 水이니 겨울이요, 羽며,

維	喉	為	水	冬	與	羽

牙迺春木其音角
아 내 춘 목 기 음 각

어금닛소리는 봄이고 木이며 그 음은 角이며,

牙	迺	春	木	其	音	角

徵音夏火是舌聲
치 음 하 화 시 설 성

徵음은 여름이고 火이니 바로 혓소리이며,

徵音夏火是舌聲

齒則商秋又是金
치 즉 상 추 우 시 금

잇소리는 商이고 가을이니 또 바로 金이며

齒則商秋又是金

脣於位數本無定
순 어 위 수 본 무 정

입술소리는 위수에 본디 정함이 없으나,

脣於位數本無定

土而季夏為宮音
토 이 계 하 위 궁 음

土이면서 계절은 여름이고, 宮음이 된다.

土而季夏為宮音

聲音又自有淸濁
성 음 우 자 유 청 탁

말소리에는 또 스스로 청탁이 있으니,

聲	音	又	自	有	淸	濁

要於初發細推尋
요 어 초 발 세 추 심

첫소리 날 때에 자세히 살피라.

要	於	初	發	細	推	尋

全淸聲是君斗彆
전 청 성 시 군 두 별

전청 소리는 ㄱ(君), ㄷ(斗) ㅂ(彆)이며

全	淸	聲	是	君	斗	彆

卽戌挹亦全淸聲
즉 술 읍 역 전 청 성

ㅈ(卽), ㅅ(戌), ㆆ(挹) 또한 전청 소리이고,

卽	戌	挹	亦	全	淸	聲

若迺快吞漂侵虛
약 내 쾌 탄 표 침 허

ㅋ(快), ㅌ(吞), ㅍ(漂), ㅊ(侵), ㅎ(虛) 같은 것은

若迺快吞漂侵虛

五音各一爲次清
오 음 각 일 위 차 청

다섯 가지 소리가 각기 하나 같이 차청이다.

五音各一爲次清

全濁之聲虯覃步
전 탁 지 성 규 담 보

전탁의 소리에는 ㄲ(虯), ㄸ(覃), ㅃ(步)와

全濁之聲虯覃步

又有慈邪亦有洪
우 유 자 사 역 유 홍

또 ㅉ(慈), ㅆ(邪)가 있고, 또 ㅎㅎ(洪)가 있는데,

又有慈邪亦有洪

全清並書爲全濁
전 청 병 서 위 전 탁

전청을 나란히 쓰면 전탁이 되나,

全	清	並	書	爲	全	濁	

唯洪自虛是不同
유 홍 자 허 시 부 동

오직 ㆅ(洪)만은 ㅎ(虛)에서 나와서 이것만 다르다.

唯	洪	自	虛	是	不	同	

業那彌欲及閭穰
업 나 미 욕 급 려 양

ㆁ(業), ㄴ(那), ㅁ(彌), ㅇ(欲) 및 ㄹ(閭), ㅿ(穰)은,

業	那	彌	欲	及	閭	穰	

其聲不清又不濁
기 성 불 청 우 불 탁

그 소리가 불청이고 또 불탁이다.

其	聲	不	清	又	不	濁	

欲之連書爲脣輕
욕 지 연 서 위 순 경

ㅇ(欲)를 이어 쓰면 곧 입술가벼운소리가 되어,

欲	之	連	書	爲	脣	輕

喉聲多而脣乍合
후 성 다 이 순 사 합

목구멍소리가 많고 입술은 잠깐 합친다.

喉	聲	多	而	脣	乍	合

中聲十一亦取象
중 성 십 일 역 취 상

가운뎃소리 열하나도 또한 모양을 취하였으나,

中	聲	十	一	亦	取	象

精義未可容易觀
정 의 미 가 용 이 관

깊은 의의는 쉽게 볼 수 없으리라.

精	義	未	可	容	易	觀

呑擬於天聲冣深
탄 의 어 천 성 최 심

·(呑)는 하늘을 본떠 소리가 가장 깊다.

呑	擬	於	天	聲	最	深

所以圓形如彈丸
소 이 원 형 여 탄 환

때문에 둥근 모양은 곧 탄환과 같다.

所	以	圓	形	如	彈	丸

即聲不深又不淺
즉 성 불 심 우 불 천

一(即) 소리는 깊지도 아니하고 또 얕지도 않으니,

即	聲	不	深	又	不	淺

其形之平象乎地
기 형 지 평 상 호 지

그 모양의 평평함은 땅을 본떴다.

其	形	之	平	象	乎	地

侵	象	人	立	厥	聲	淺
침	상	인	립	궐	셩	쳔

ㅣ(侵)는 사람이 서 있는 모양으로 그 소리는 얕아서

侵	象	人	立	厥	聲	淺

三	才	之	道	斯	為	備
삼	재	지	도	사	위	비

삼재의 도리가 이같이 갖추어졌도다.

三	才	之	道	斯	為	備

洪	出	於	天	尚	為	闔
홍	출	어	천	상	위	합

ㅗ(洪)는 하늘에서 나와서 닫혀 있으니,

洪	出	於	天	尚	為	闔

象	取	天	圓	合	地	平
상	취	천	원	합	지	평

하늘의 둥긂과 땅의 평평함을 취했다.

象	取	天	圓	合	地	平

覃亦出天爲己闢
담 역 출 천 위 이 벽

ㅏ(覃) 또한 하늘에서 나와 열려 있으니,

	覃	亦	出	天	爲	己	闢	

發於事物就人成
발 어 사 물 취 인 성

사물에서 피어나서 사람이 이룬 것이다.

	發	於	事	物	就	人	成	

用初生義一其圓
용 초 생 의 일 기 원

처음 생긴 뜻을 적용해 둥근 점은 하나요,

	用	初	生	義	一	其	圓	

出天爲陽在上外
출 천 위 양 재 상 외

하늘에서 나와 양이 되니 위와 밖에 있다.

	出	天	爲	陽	在	上	外	

欲穰兼人為再出
욕 양 겸 인 위 재 출

ㅛ(欲)와 ㅑ(穰)는 사람을 겸해 두 번째 생김이 되니,

欲穰兼人為再出

二圓為形見其義
이 원 위 형 견 기 의

두 둥근 점이 형태가 되어 그 뜻을 보인다.

二圓為形見其義

君業戌彆出於地
군 업 술 별 출 어 지

ㄱ(君), ㅓ(業), ㄲ(戌), ㅕ(彆)가 땅에서 나와서 글자가 된 것은,

君業戌彆出於地

據例自知何湏評
거 례 자 지 하 회 평

예로 미루어서 저절로 알게 되니 어찌 평해야 하리.

據例自知何湏評

呑之爲字貫八聲

탄 지 위 자 관 팔 성

·(呑)의 글자가 여덟 소리에 모두 들어 있는 것은,

呑	之	爲	字	貫	八	聲	

維天之用徧流行

유 천 지 용 편 유 행

하늘의 작용이 두루 흘러가기 때문이다.

維	天	之	用	徧	流	行	

四聲兼人亦有由

사 성 겸 인 역 유 유

사성[26]이 사람을 겸하는 것도 까닭이 있으니,

四	聲	兼	人	亦	有	由	

人參天地爲最靈

인 참 천 지 위 최 령

사람이 천지에 참여해서, 가장 뛰어나기 때문이다.

人	參	天	地	爲	最	靈	

且就三聲究至理
차 취 삼 성 구 지 리

또 삼성의 지극한 이치를 탐구하면,

且就三聲究至理

自有剛柔與陰陽
자 유 강 유 여 음 양

단단함과 부드러움, 음과 양이 저절로 있도다.

自有剛柔與陰陽

中是天用陰陽分
중 시 천 용 음 양 분

가운뎃소리는 하늘의 작용으로 음과 양으로 나뉘고,

中是天用陰陽分

初迺地功剛柔彰
초 내 지 공 강 유 창

첫소리는 땅의 공로로 강함과 연함이 드러난다.

初迺地功剛柔彰

中聲唱之初聲和
중 성 창 지 초 성 화

가운뎃소리가 부르면, 첫소리가 화답 하나니,

	中	聲	唱	之	初	聲	和	

天先乎地理自然
천 선 호 지 이 자 연

하늘이 땅에 앞섬은 자연의 이치다.

	天	先	乎	地	理	自	然	

和者爲初亦爲終
화 자 위 초 역 위 종

화답하는 것이 첫소리도 되고 끝소리도 되는 이유는,

	和	者	爲	初	亦	爲	終	

物生復歸皆於坤
물 생 복 귀 개 어 곤

만물이 모두 땅을 통해 돌아가기 때문이다.

	物	生	復	歸	皆	於	坤	

陰變為陽陽變陰
음 변 위 양 양 변 음

음이 변해 양이 되고, 양이 변해 음이 되니,

陰	變	為	陽	陽	變	陰	

一動一靜互為根
일 동 일 정 호 위 근

움직임과 멈춰 있음이 서로 근본이 되도다.

一	動	一	靜	互	為	根	

初聲復有發生義
초 성 부 유 발 생 의

첫소리는 다시 발생하는 의미가 있으니,

初	聲	復	有	發	生	義	

為陽之動主於天
위 양 지 동 주 어 천

양의 움직임이 되어 하늘을 맡음이다.

為	陽	之	動	主	於	天	

終聲比地陰之靜
종 성 비 지 음 지 정

끝소리는 땅에 비유돼 음의 멈춤이 있으니,

	終	聲	比	地	陰	之	靜

字音於此止定焉
자 음 어 차 지 정 언

글자의 소리는 여기서 그쳐서 정해진다.

	字	音	於	此	止	定	焉

韻成要在中聲用
운 성 요 재 중 성 용

운모가 이루어지는 핵심은, 가운뎃소리의 작용이 있으니

	韻	成	要	在	中	聲	用

人能輔相天地宜
인 능 보 상 천 지 의

사람이 능히 하늘과 땅의 마땅함을 돕기 때문이다.

	人	能	輔	相	天	地	宜

陽之爲用通於陰
양 지 위 용 통 어 음

양의 작용은 음에도 통하여,

	陽	之	爲	用	通	於	陰

至而伸則反而歸
지 이 신 즉 반 이 귀

이르러 펴면 도로 돌아가니,

	至	而	伸	則	反	而	歸

初終雖云分兩儀
초 종 수 운 분 양 의

첫소리와 끝소리가 비록 양의[27]로 나뉜다고 해도,

	初	終	雖	云	分	兩	儀

終用初聲義可知
종 용 초 성 의 가 지

끝소리에 첫소리를 다시 쓴 뜻은 알 수 있다.

	終	用	初	聲	義	可	知

正音之字只廿八
정 음 지 자 지 입 팔

정음의 글자는 오직 스물여덟 글자일 뿐이지만,

正	音	之	字	只	廿	八

探賾錯綜窮深幾
탐 색 착 종 궁 심 기

얽힘을 찾아 밝히고, 깊고 미묘함을 탐구한 것이다.

探	賾	錯	綜	窮	深	幾

指遠言近牖民易
지 원 언 근 용 민 이

의향은 멀어도 말은 가까워, 백성을 이끌기 쉬우니,

指	遠	言	近	牖	民	易

天授何曾智巧爲
천 수 하 증 지 교 위

하늘이 주심이지 어찌 지혜와 기교로 만들었으리오.

天	授	何	曾	智	巧	爲

初聲解
초 성 해

첫소리에 대한 풀이

| 初 | 聲 | 解 |
| | | |

正音初聲即韻書之字母也聲音
정 음 초 성 즉 운 서 지 자 모 야 성 음

정음의 첫소리는 운서의 자모이다. 성음이

| 正 | 音 | 初 | 聲 | 即 | 韻 | 書 | 之 | 字 | 母 | 也 | 聲 | 音 |
| | | | | | | | | | | | | |

由此而生故曰母如牙音君字初
유 차 이 생 고 왈 모 여 아 음 군 자 초

이로 말미암아서 생겨났다. 그러므로 모라고 한다. 어금닛소리 君자(字) 첫

| 由 | 此 | 而 | 生 | 故 | 曰 | 母 | 如 | 牙 | 音 | 君 | 字 | 初 |
| | | | | | | | | | | | | |

聲是ㄱㄱ與ㄷ而爲군快字初聲
성 시 여 이 위 쾌 자 초 성

소리는 ㄱ이니, ㄱ와 ㄷ이 어울려 군이 된다. 快자(字) 첫소리는

| 聲 | 是 | ㄱ | ㄱ | 與 | ㄷ | 而 | 爲 | 군 | 快 | 字 | 初 | 聲 |
| | | | | | | | | | | | | |

是　ㅋ　ㅋ　與　ᅫ　而　爲　쾌　虯　字　初　聲　是
시　　　　여　　　이　　위　　규　자　초　성　시

ㅋ이니, ㅋ와 ᅫ가 어울려 쾌가 된다. 虯자(字) 첫소리는 바로

是　ㅋ　ㅋ　與　ᅫ　而　爲　쾌　虯　字　初　聲　是

ㄲ　ㄲ　與　ᅲ　而　爲　뀨　業　字　初　聲　是　ㅇ
　　　　여　　　이　　위　　업　자　초　성　시

ㄲ이니, ㄲ와 ᅲ가 어울려 뀨가 된다. 業자(字) 첫소리는 바로 ㅇ이니,

ㄲ　ㄲ　與　ᅲ　而　爲　뀨　業　字　初　聲　是　ㅇ

ㅇ　與　업　而　爲　업　之　類　舌　之　斗　呑　覃
　　여　　　이　　위　　지　류　설　지　두　탄　담

ㅇ와 업이 합하여 업이 되는 유와 같은 것이다. 혓소리는 ㄷ(斗), ㅌ(呑), ㄸ(覃)와

ㅇ　與　업　而　爲　업　之　類　舌　之　斗　呑　覃

那　脣　之　彆　漂　步　彌　齒　之　卽　侵　慈　戌
나　순　지　별　표　보　미　치　지　즉　침　자　슬

ㄴ(那)이고, 입술소리는 ㅂ(彆), ㅍ(漂), ㅃ(步), ㅁ(彌)이다. 잇소리는 ㅈ(卽), ㅊ(侵), ㅉ(慈), ㅅ(戌)

那　脣　之　彆　漂　步　彌　齒　之　卽　侵　慈　戌

邪 喉 之 挹 虛 洪 欲 半 舌 半 齒 之 閭
사 후 지 읍 허 홍 욕 반 설 반 치 지 려

ㅆ(邪)이고, 목구멍소리는 ㆆ(挹), ㅎ(虛), ㆅ(洪), ㅇ(欲)이다. 반혀, 반잇소리는 ㄹ(閭),

邪 喉 之 挹 虛 洪 欲 半 舌 半 齒 之 閭

穰 皆 倣 此 訣 曰
양 개 방 차 결 왈

ㅿ(穰)이니 모두 이것을 모방하였다. 요결로 말하자면:

穰 皆 倣 此 訣 曰

君 快 虯 業 其 聲 牙
군 쾌 뀨 업 기 성 아

ㄱ(君)와 ㅋ(快)와 ㄲ(虯)와 ㆁ(業)는 그 소리가 어금닛소리이고

君 快 虯 業 其 聲 牙

舌 聲 斗 吞 及 覃 那
설 성 두 탄 급 담 나

혓소리는 ㄷ(斗)와 ㅌ(呑)와 ㄸ(覃)와 ㄴ(那)이고

舌 聲 斗 吞 及 覃 那

彆漂步彌則是脣
별 표 보 미 즉 시 순

ㅂ(彆)와 ㅍ(漂)와 ㅃ(步)와 ㅁ(彌)는 바로 입술소리이고

彆漂步彌則是脣

齒有即侵慈戌邪
치 유 즉 침 자 슬 사

잇소리는 ㅈ(即)와 ㅊ(侵)와 ㅉ(慈)와 ㅅ(戌)와 ㅆ(邪)가 있고

齒有即侵慈戌邪

挹虛洪欲迺喉聲
읍 허 홍 욕 내 후 성

ㆆ(挹)와 ㅎ(虛)와 ㆅ(洪)와 ㅇ(欲)는 곧 목구멍소리이며

挹虛洪欲迺喉聲

閭爲半舌穰半齒
려 위 반 설 양 반 치

ㄹ(閭)는 반설음, ㅿ(穰)는 반잇소리이니

閭爲半舌穰半齒

二十三字是為母
이 십 삼 자 시 위 모

스물 석자 이것이 자모가 되어

二	十	三	字	是	為	母

萬聲生生皆自此
만 성 생 생 개 자 차

온갖 소리가 생겨남은 모두 이로부터 생긴다.

萬	聲	生	生	皆	自	此

中聲解
중 성 해

가운뎃소리에 대한 풀이

中	聲	解

中聲者居字韻之中合初終而成
중 성 자 거 자 운 지 중 합 초 종 이 성

가운뎃소리라는 것은 자운의 가운데 놓여 첫소리, 끝소리와 합하여져 음을 이룬다.

中	聲	者	居	字	韻	之	中	合	初	終	而	成

音	如	吞	字	中	聲	是	·	·	居	ㅌㄴ	之
음	여	탄	자	중	성	시			거		지

마치 呑(톤) 자의 가운뎃소리가 바로 · 인데, ·가 ㅌ와 ㄴ의

音	如	吞	字	中	聲	是	·	·	居	ㅌㄴ	之

間	而	爲	튼	即	字	中	聲	是	ㅡ	ㅡ	居	ㅈ
간	이	위		즉	자	중	성	시			거	

사이에 있어 튼이 되고, 즉(卽) 자의 가운뎃소리는 바로 ㅡ인데, ㅡ가 ㅈ와

間	而	爲	튼	即	字	中	聲	是	ㅡ	ㅡ	居	ㅈ

ㄱ	之	間	而	爲	즉	侵	字	中	聲	是	ㅣ	ㅣ
지		간	이	위		침	자	중	성	시		

ㄱ의 사이에 있어 즉이 되고, 侵자의 가운뎃소리는 바로 ㅣ인데, ㅣ가

ㄱ	之	間	而	爲	즉	侵	字	中	聲	是	ㅣ	ㅣ

居	ㅊㅁ	之	間	而	爲	침	之	類	洪	覃	君
거		지	간	이	위		지	류	홍	담	군

ㅊ와 ㅁ의 사이에 있어 침이 되는 유와 같다. ㅗ(洪), ㅏ(覃), ㅡ(君)

居	ㅊ	ㅁ	之	間	而	爲	침	之	類	洪	覃	君

業 欲 穰 戌 彆 皆 倣 此 二 字 合 用 者
업 욕 양 술 별 개 방 차 이 자 합 용 자

ㅓ(業), ㅛ(欲), ㅑ(穰), ㅠ(戌), ㅕ(彆) 모두 이를 준거한다. 두 글자를 함께 쓰는 것은

業	欲	穰	戌	彆	皆	倣	此	二	字	合	用	者

ㅗ 與 ㅏ 同 出 於 · 故 合 而 爲 ㅘ ㅗㅗ
여 동 출 어 고 합 이 위

ㅗ와 ㅏ와 함께 ·에서 나왔으므로 합하여 ㅘ가 되고, ㅛ

ㅗ	與	ㅏ	同	出	於	·	故	合	而	爲	ㅘ	ㅛ

與 ㅑ 又 同 出 於 ㅣ 故 合 而 爲 ㆇ ㅜ
여 우 동 출 어 고 합 이 위

와 ㅑ도 또 함께 ㅣ에서 나왔으므로 합하여 ㆇ가 되고, ㅜ와

與	ㅑ	又	同	出	於	ㅣ	故	合	而	爲	ㆇ	ㅜ

與 ㅓ 同 出 於 ㅡ 故 合 而 爲 ㅝ ㅠ 與
여 동 출 어 고 합 이 위 여

ㅓ가 함께 ㅡ에서 나왔으므로 합하여 ㅝ가 되고, ㅠ와

與	ㅓ	同	出	於	ㅡ	故	合	而	爲	ㅝ	ㅠ	與

ㅑ	又	同	出	於	ㅣ	故	合	而	爲	ᆑ	以	其
우	동	출	어			고	합	이	위		이	기

ㅑ는 또 함께 ㅣ에서 나왔으므로 합하여 ᆑ가 된다. 그들은

ㅑ	又	同	出	於	ㅣ	故	合	而	爲	ᆑ	以	其

同	出	而	爲	類	故	相	合	而	不	悖	也	一
동	출	이	위	류	고	상	합	이	불	패	야	일

한 가지에서 나와서 무리가 되었으므로 서로 합하여도 어그러지지 않는다. 한

同	出	而	爲	類	故	相	合	而	不	悖	也	一

字	中	聲	之	與	ㅣ	相	合	者	十	ᆞ	ㅣ	ㅡ	ㅢ
자	중	성	지	여		상	합	자	십				

글자로 된 가운뎃소리로서 ㅣ와 서로 합하여지는 것은 열이니 ㅣ, ㅢ, ㅢ,

字	中	聲	之	與	ㅣ	相	合	者	十	ᆞ	ㅣ	ㅡ	ㅢ

ㅐ	ᅴ	ㅔ	ᆈ	ㅒ	ᆔ	ㅖ	是	也	二	字	中	聲
							시	야	이	자	중	성

ㅐ, ㅢ, ㅖ, ㅢ, ㅒ, ㅢ, ㅖ가 이것이요. 두 글자로 된 가운뎃소리로서

ㅐ	ᅴ	ㅔ	ᆈ	ㅒ	ᆔ	ㅖ	是	也	二	字	中	聲

之與ㅣ相合者四ㆎㅖㆋㆌ是也
지 여 상 합 자 사 　 　 　 　 시 야

ㅣ와 서로 합하여지는 것은 넷이니 ㆎ, ㅖ, ㆋ, ㆌ가 이것이다.

之 與 ㅣ 相 合 者 四 ㆎ ㅖ ㆋ ㆌ 是 也

ㅣ於深淺闔闢之聲並能相隨者
어 심 천 합 벽 지 성 병 능 상 수 자

ㅣ가 심천합벽[28]의 소리에 두루 능히 서로 따를 수 있는 것은,

ㅣ 於 深 淺 闔 闢 之 聲 並 能 相 隨 者

以其舌展聲淺而便於開口也亦
이 기 설 전 성 천 이 편 어 개 구 야 역

그것이 혀가 펴지고, 소리가 얕아서 입을 벌리기에 편하기 때문이다. 또한

以 其 舌 展 聲 淺 而 便 於 開 口 也 亦

可見人之參贊開物而無所不通
가 견 인 지 참 찬 개 물 이 무 소 불 통

가히 사람이 참찬하여 만물을 여는데, 통하지 않는 바가 없음을 볼 수 있는 것이다.

可 見 人 之 參 贊 開 物 而 無 所 不 通

也 訣 曰
야　결　왈

요결로 말하자면 :

也	訣	曰					

母字之音各有中
모　자　지　음　각　유　중

모음자의 음마다 각기 맞음이 있으니

母	字	之	音	各	有	中

須就中聲尋闢闔
수　취　중　성　심　벽　합

모름지기 가운뎃소리를 찾으면 벽합[29]을 이루리라

須	就	中	聲	尋	闢	闔

洪覃自呑可合用
홍　담　자　탄　가　합　용

ㅗ(洪)와 ㅏ(覃)는 ·(呑)에서 가히 함께 쓴 것이고

洪	覃	自	呑	可	合	用

君業出即亦可合
군 업 출 즉 역 가 합

ㅡ(君)와 ㅣ나가면 또한 가히 합한다.

君	業	出	即	亦	可	合	

欲之與穰戌與彆
욕 지 여 양 술 여 별

ㅛ(欲)는 ㅑ(穰)와, ㅠ(戌)는 ㅕ(彆)와

欲	之	與	穰	戌	與	彆	

各有所從義可推
각 유 소 종 의 가 추

각기 좇는 바의 의미를 가히 유추할 수 있다.

各	有	所	從	義	可	推	

侵之爲用最居多
침 지 위 용 최 거 다

ㅣ(侵)의 쓰이게 됨이 가장 많이 있어서

侵	之	爲	用	最	居	多	

於十四聲徧相隨
어 십 사 성 편 상 수

열넷의 소리에 두루 서로 따른다.

於	十	四	聲	徧	相	隨

終聲解
종 성 해

끝소리에 대한 풀이

終	聲	解

終聲者承初中而成字韻如即字
종 성 자 승 초 중 이 성 자 운 여 즉 자

끝소리란 것은 첫소리와 가운뎃소리를 이어서 자운을 이루는 것이다. 가령 即(즉)자의

終	聲	者	承	初	中	而	成	字	韻	如	即	字

終聲是ㄱㄱ居ㅈ終而爲즉洪字
종 성 시 거 종 이 위 홍 자

끝소리가 바로 ㄱ이니 ㄱ는 즈의 끝에 있어서 즉이 되고, 洪(ᅘᅩᆼ)자의

終	聲	是	ㄱ	ㄱ	居	ㅈ	終	而	爲	즉	洪	字

終	聲	是	ㆁ	ㆁ	居	ᅘᅩ	終	而	為	ᅘᅩᇰ	之	類
종	성	시			거		종	이	위		지	류

끝소리는 바로 ㆁ이니 ㆁ가 ᅘᅩ의 끝에 있으면 ᅘᅩᇰ이 되는 유이다.

終 聲 是 ㆁ ㆁ 居 ᅘᅩ 終 而 為 ᅘᅩᇰ 之 類

舌	脣	齒	喉	皆	同	聲	有	緩	急	之	殊	故
설	순	치	후	개	동	성	유	완	급	지	수	고

혓소리, 입술소리, 잇소리, 목구멍소리도 모두 같다. 소리에는 느리고 빠름의 다름이 있으므로

舌 脣 齒 喉 皆 同 聲 有 緩 急 之 殊 故

平	上	去	其	終	聲	不	類	入	聲	之	促	急
평	상	거	기	종	성	불	류	입	성	지	촉	급

평성[30], 상성[31], 거성[32]은 그 끝소리가 입성[33]처럼 촉박하며 매우 급하지 않고

平 上 去 其 終 聲 不 類 入 聲 之 促 急

不	清	不	濁	之	字	其	聲	不	厲	故	用	於
불	청	불	탁	지	자	기	성	불	려	고	용	어

불청불탁의 글자는 그 소리가 세지 않다. 그러므로 끝소리에 쓰면

不 清 不 濁 之 字 其 聲 不 厲 故 用 於

終	則	宜	於	平	上	去	全	淸	次	淸	全	濁
종	즉	의	어	평	상	거	전	청	차	청	전	탁

평성, 상성, 거성에 마땅하다. 전청, 차청, 전탁의

終	則	宜	於	平	上	去	全	淸	次	淸	全	濁

之	字	其	聲	爲	屬	故	用	於	終	則	宜	於
지	자	기	성	위	려	고	용	어	종	즉	의	어

글자는 그 소리가 세게 된다. 그러므로 끝에서 쓰이면 입성에 마땅하다.

之	字	其	聲	爲	屬	故	用	於	終	則	宜	於

入	所	以	ㆁ	ㄴ	ㅁ	ㅇ	ㄹ	ㅿ	六	字	爲	平
입	소	이							육	자	위	평

까닭에 ㆁ, ㄴ, ㅁ, ㅇ, ㄹ, ㅿ 여섯 자는 평성

入	所	以	ㆁ	ㄴ	ㅁ	ㅇ	ㄹ	ㅿ	六	字	爲	平

上	去	聲	之	終	而	屬	皆	爲	入	聲	之	終
상	거	성	지	종	이	려	개	위	입	성	지	종

상성, 거성의 끝이 된다. 그리고 나머지는 모두 입성의 끝이 된다.

上	去	聲	之	終	而	屬	皆	爲	入	聲	之	終

也然ㄱㅇㄷㄴㅂㅁㅅㄹ八字可
야 연　　　　　　　　　　　팔 자 가

그러므로 ㄱ, ㅇ, ㄷ, ㄴ, ㅂ, ㅁ, ㅅ, ㄹ 여덟 자만으로도 가히

也 然 ㄱ ㅇ ㄷ ㄴ ㅂ ㅁ ㅅ ㄹ 八 字 可

足用也如빗곶爲梨花엿·의갗爲
족 용 야 여　　위 이 화　　위

족히 쓸 수 있다. 빗곶은 배꽃[梨花(배나무 리/꽃 화)]이 되고, 엿·의갗은

足 用 也 如 빗 곶 爲 梨 花 엿 ·의 갗 爲

狐皮而ㅅ字可以通用故只用ㅅ
호 피 이　자 가 이 통 용 고 지 용

여우가죽[狐皮(여우 호/가죽 피)]이 된다. 그래서 ㅅ자로서 가히 통해 쓸 수 있다. 그러므로 다만

狐 皮 而 ㅅ 字 可 以 通 用 故 只 用 ㅅ

字且ㅇ聲淡而虛不必用於終而
자 차 성 담 이 허 불 필 용 어 종 이

ㅅ자를 쓴다. 또 ㅇ는 소리가 맑으면서 비어 있어서 반드시 끝소리에 쓰지 않아도 된다. 그래서

字 且 ㅇ 聲 淡 而 虛 不 必 用 於 終 而

中聲可得聲音也ㄷ如뼏為彆ㄴ
증 성 가 득 성 음 야 　 여 　 위 별 　

가운뎃소리만으로 가히 소리를 이룰 수 있다. ㄷ는 뼏과 같이 彆(활 뒤틀릴 별)이 되고, ㄴ는

中	聲	可	得	聲	音	也	ㄷ	如	뼏	為	彆	ㄴ

如근為君ㅂ如업為業ㅁ如땀為
여 　 위 군 　 여 　 위 업 　 여 　 위

군과 같이 君(임금 군)이 되고, ㅂ는 업과 같이 業(업 업)이 되고, ㅁ는 땀과 같이

如	근	為	君	ㅂ	如	업	為	業	ㅁ	如	땀	為

覃ㅅ如諺語·옷為衣ㄹ如諺語:실
담 　 여 언 어 　 위 의 　 여 언 어

覃(미칠 담)이 된다. ㅅ는 우리말의 옷과 같이 衣(옷 의)가 되고, ㄹ는 우리말의 :실과 같이

覃	ㅅ	如	諺	語	·옷	為	衣	ㄹ	如	諺	語	:실

為絲之類五音之緩急亦各自為
위 사 지 류 오 음 지 완 급 역 각 자 위

絲(실 사)가 되는 유이다. 오음은 느리고 빠름이 또한 각기 저절로

為	絲	之	類	五	音	之	緩	急	亦	各	自	為

對 如 牙 之 ㆁ 與 ㄱ 為 對 而 ㆁ 促 呼
대 여 아 지　　　여　위 대 이　　촉 호

대가 되어서 어금닛소리가 ㆁ와 ㄱ의 대가 됨과 같다. 그러나 ㆁ는 빠르게 부르면

對 如 牙 之 ㆁ 與 ㄱ 為 對 而 ㆁ 促 呼

則 變 為 ㄱ 而 急 ㄱ 舒 出 則 變 為 ㆁ
즉 변 위　　이 급　서 출 즉 변 위

변하여 ㄱ가 되어 급해지고 ㄱ를 천천히 내면 변하여 ㆁ가 되어서

則 變 為 ㄱ 而 急 ㄱ 舒 出 則 變 為 ㆁ

而 緩 舌 之 ㄴㄷ 脣 之 ㅁㅂ 齒 之 △
이 완 설 지　　　　순 지　　　치 지

느려진다. 혓소리의 ㄴ, ㄷ와 입술소리의 ㅁ, ㅂ와 잇소리의 △,

而 緩 舌 之 ㄴ ㄷ 脣 之 ㅁ ㅂ 齒 之 △

ㅅ 喉 之 ㅇㆆ 其 緩 急 相 對 亦 猶 是
　후 지　　　기 완 급 상 대 역 유 시

ㅅ와 목구멍소리의 ㅇ, ㆆ는 그 느리고 빠름의 상대가 또한 이와 같다.

ㅅ 喉 之 ㅇ ㆆ 其 緩 急 相 對 亦 猶 是

也 且 半 舌 之 己 當 用 於 諺 而 不 可
야 차 반 설 지 당 용 어 언 이 불 가

또 반혓소리의 ㄹ는 마땅히 우리말에 쓰이지만, 그러나

也 且 半 舌 之 ㄹ 當 用 於 諺 而 不 可

用 於 文 如 入 聲 之 彆 字 終 聲 當 用
용 어 문 여 입 성 지 별 자 종 성 당 용

한문에는 쓸 수 없으니 입성의 彆(볋)자가 끝소리에서는 마땅히 ㄷ를 쓰는 것과 같다.

用 於 文 如 入 聲 之 彆 字 終 聲 當 用

ㄷ 而 俗 習 讀 爲 己 盖 ㄷ 變 而 爲 輕
이 속 습 독 위 개 변 이 위 경

그래서 시속에서는 익힐 때 ㄹ로 읽는다. 대개 ㄷ가 변하여서 가볍게 되는 것이다.

ㄷ 而 俗 習 讀 爲 ㄹ 盖 ㄷ 變 而 爲 輕

也 若 用 己 爲 彆 之 終 則 其 聲 舒 緩
야 약 용 위 별 지 종 즉 기 성 서 완

만약 ㄹ를 彆(볋)의 끝소리로 쓴다면 그 소리가 느리어

也 若 用 ㄹ 爲 彆 之 終 則 其 聲 舒 緩

不爲入也訣曰
불 위 입 야 결 왈

입성이 되지 않는다. 요결로 말하자면:

不	爲	入	也	訣	曰

不淸不濁用於終
불 청 불 탁 용 어 종

불청불탁을 끝소리에 쓴다면

不	淸	不	濁	用	於	終

爲平上去不爲入
위 평 상 거 불 위 입

평, 상, 거성이 되고 입성이 되지 않으며

爲	平	上	去	不	爲	入

全淸次淸及全濁
전 청 차 청 급 전 탁

전청과 차청 및 전탁은

全	淸	次	淸	及	全	濁

是皆爲入聲促急
시 개 위 입 성 촉 급

이것은 모두 입성이 되어 촉박하며 매우 급하다.

是皆爲入聲促急

初作終聲理固然
초 작 종 성 이 고 연

첫소리로 끝소리를 짓는 이치는 그러하다.

初作終聲理固然

只將八字用不窮
지 장 팔 자 용 불 궁

다만 장차 여덟 자만 써도 궁하지 않다.

只將八字用不窮

唯有欲聲所當處
유 유 욕 성 소 당 처

오직 ○(欲) 소리만은 마땅히 처할 바가

唯有欲聲所當處

中聲成音亦可通
중 성 성 음 역 가 통

가운뎃소리로 음을 이루어 또한 가히 통한다.

	中	聲	成	音	亦	可	通

若書即字終用君
약 서 즉 자 종 용 군

만약 即(즉) 자를 쓰려면 끝에 ㄱ(君)를 쓰고,

	若	書	即	字	終	用	君

洪彆亦以業斗終
홍 별 역 이 업 두 종

홍(洪), 彆(볋) 또한 ㆁ(業)와 둫(斗)가 끝소리이다

	洪	彆	亦	以	業	斗	終

君業覃終又何如
군 업 담 종 우 하 여

군(君), 업(業), 땀(覃)의 끝소리는 또 어떠할까?

	君	業	覃	終	又	何	如

훈민정음 해례본 경필쓰기

以 那 彆 彌 次 第 推
이 나 별 미 차 제 추

ㄴ(那), ㅂ(彆), ㅁ(彌)로써 차례로 미루어 알 수 있다.

以	那	彆	彌	次	第	推

六 聲 通 乎 文 與 諺
육 성 통 호 문 여 언

여섯 자의 소리는 한문과 우리말에 통한다.

六	聲	通	乎	文	與	諺

戌 閭 用 於 諺 衣 絲
술 려 용 어 언 의 사

戌(슗), 閭(령)는 우리말의 衣(의)와 絲(사)에만 쓰인다.

戌	閭	用	於	諺	衣	絲

五 音 緩 急 各 自 對
오 음 완 급 각 자 대

오음의 느리고 빠름이 각기 저절로 대가 되니

五	音	緩	急	各	自	對

君聲迺是業之促
군 성 내 시 업 지 촉

君(군) 소리는 이에 바로 業(업)이 빠르게 된 것이고

君	聲	迺	是	業	之	促

斗彆聲緩為那彌
두 별 성 완 위 나 미

斗(둥)와 彆(볋) 소리의 느림은 那(낭)와 彌(밍)가 된다.

斗	彆	聲	緩	為	那	彌

穰欲亦對戌與挹
양 욕 역 대 슐 여 읍

穰(양), 欲(욕) 또한 戌(슗)과 挹(흡)의 대가 된다

穰	欲	亦	對	戌	與	挹

閭宜於諺不宜文
려 의 어 언 불 의 문

閭(령)는 우리말에는 마땅하나 한문에는 마땅하지 않다.

閭	宜	於	諺	不	宜	文

斗輕爲閭是俗習
두 경 위 려 시 속 습

ㄷ(斗)가 가볍게 ㄹ(閭) 됨은 시속의 습관이라.

		斗	輕	爲	閭	是	俗	習	

合字解
합 자 해

글자를 어울려 쓰는 것에 대한 풀이

合	字	解

初中終三聲合而成字初聲或在
초 중 종 삼 성 합 이 성 자 초 성 혹 재

첫소리, 가운뎃소리, 끝소리의 세 소리는 어울려야 글자를 이룬다. 첫소리는 혹

初	中	終	三	聲	合	而	成	字	初	聲	或	在

中聲之上或在中聲之左如君字
중 성 지 상 혹 재 중 성 지 좌 여 군 자

가운뎃소리의 위에 놓이거나 혹은 가운뎃소리의 왼쪽에 놓인다. 君(군) 字의

中	聲	之	上	或	在	中	聲	之	左	如	君	字

ㄱ 在 ㅡ 上 業 字 ㅇ 在 ㅕ 左 之 類 中
재　상　업　자　　재　　좌　지　류　중

ㄱ가 ㅡ위에 있고 業(일 업)자의 ㅇ가 ㅕ 왼쪽에 있는 유와 같다. 가운뎃소리는

ㄱ	在	ㅡ	上	業	字	ㅇ	在	ㅕ	左	之	類	中

聲 則 圓 者 橫 者 在 初 聲 之 下 ・ ㅡ
성　즉　원　자　횡　자　재　초　성　지　하

둥근 것과 가로로 된 것은 첫소리의 아래에 놓이는데, ・와 ㅡ와

聲	則	圓	者	橫	者	在	初	聲	之	下	・	ㅡ

ㅗ ㅛ ㅜ ㅠ 是 也 縱 者 在 初 聲 之 右
　　시　야　종　자　재　초　성　지　우

ㅗ와 ㅛ와 ㅜ와 ㅠ가 이것이다. 세로로 된 것은 첫소리의 오른쪽에 놓이는데,

ㅗ	ㅛ	ㅜ	ㅠ	是	也	縱	者	在	初	聲	之	右

ㅣ ㅏ ㅑ ㅓ ㅕ 是 也 如 吞 字 ・ 在 ㅌ
　　시　야　여　탄　자　　재

ㅣ와 ㅏ와 ㅑ와 ㅓ와 ㅕ가 이것이다. 吞(삼킬 튼) 字의 ・가 ㅌ의

ㅣ	ㅏ	ㅑ	ㅓ	ㅕ	是	也	如	吞	字	・	在	ㅌ

下 即 字 一 在 ㅈ 下 侵 字 ㅣ 在 ㅊ 右
하 즉 자 재 하 침 자 재 우

아래에 있는 것과 같다. 即(곧 즉) 字의 一는 ㅈ의 아래에 있고, 侵(침노할 침) 字의 ㅣ는 ㅊ의
오른쪽에 놓이는

下 即 字 一 在 ㅈ 下 侵 字 ㅣ 在 ㅊ 右

之 類 終 聲 在 初 中 之 下 如 君 字 ㄴ
지 류 종 성 재 초 중 지 하 여 군 자

유와 같다. 끝소리는 첫소리와 가운뎃소리의 아래에 놓인다. 君(임금 군) 字의 ㄴ는

之 類 終 聲 在 初 中 之 下 如 君 字 ㄴ

在 ㄱ 下 業 字 ㅂ 在 어 下 之 類 初 聲
재 하 업 자 재 하 지 류 초 성

ㄱ의 아래에 놓이고, 業(일 업) 字의 ㅂ는 어 아래에 놓이는 유와 같다. 첫소리의

在 ㄱ 下 業 字 ㅂ 在 어 下 之 類 初 聲

二 字 三 字 合 用 並 書 如 諺 語 ·ㅆ· 為
이 자 삼 자 합 용 병 서 여 언 어 위

두 글자나 세 글자를 합쳐서 써서 나란히 쓴다. 우리말의 ·따가

二 字 三 字 合 用 並 書 如 諺 語 ·ㅆ· 為

地 짝 爲 隻 뽕 爲 隙 之 類 各 自 並 書
지　　　위 척　　　위 극 지 류 각 자 병 서

地(땅 지)가 되고, 짝이 隻(짝 척)이 되고, 뽕이 隙(틈 극)이 되는 유와 같다. 각자 나란히 쓰면

地 짝 爲 隻 뽕 爲 隙 之 類 各 自 並 書

如 諺 語 혀 爲 舌 而 ᅘᅧ 爲 引 괴 여 爲
여 언 어　 위 설 이　　 위 인　　 위

우리말 혀는 舌(혀 설)이 되지만 ᅘᅧ는 引(끌 인)이 되고 괴여는

如 諺 語 혀 爲 舌 而 ᅘᅧ 爲 引 괴 여 爲

我 愛 人 而 괴 여 爲 人 愛 我 소 다 爲
아 애 인 이　　 위 인 애 아　　 위

'내가 사랑하는 사람'이 되지만 괴여라고 하면 '남이 나를 사랑한다'가 되고 소다는

我 愛 人 而 괴 여 爲 人 愛 我 소 다 爲

覆 物 而 쏘 다 爲 射 之 之 類 中 聲 二
복 물 이　　 위 사 지 지 류 중 성 이

'물건을 덮는다'가 되지만 쏘다는 '그것을 쏜다'는 유와 같다. 가운뎃소리의 두

覆 物 而 쏘 다 爲 射 之 之 類 中 聲 二

字	三	字	合	用	如	諺	語	·과	爲	琴	柱	·홰
자	삼	자	합	용	여	언	어		위	금	주	

글자, 세 글자를 어울려 쓰면 우리말의 ·과·는 琴柱(거문고 금/기둥 주)[34]가 되고 ·홰는

字 三 字 合 用 如 諺 語 ·과· 爲 琴 柱 ·홰

爲	炬	之	類	終	聲	二	字	三	字	合	用	如
위	거	지	류	종	성	이	자	삼	자	합	용	여

炬(횃불 거)가 되는 유이다. 끝소리의 두 글자나 세 글자를 합용하면

爲 炬 之 類 終 聲 二 字 三 字 合 用 如

諺	語	ᄒᆞᆰ	爲	土	낛	爲	釣	ᄃᆞᆰ	·ᄣᅢ	爲	酉	時
언	어		위	토		위	조			위	유	시

우리말 ᄒᆞᆰ이 土(흙 토)가 되고 낛이 釣(낚시 조)가 되고 ᄃᆞᆰ·ᄣᅢ는 酉時(닭 유/때 시)[35]가 되는 유와 같다.

諺 語 ᄒᆞᆰ 爲 土 낛 爲 釣 ᄃᆞᆰ ·ᄣᅢ 爲 酉 時

之	類	其	合	用	並	書	自	左	而	右	初	中
지	류	기	합	용	병	서	자	좌	이	우	초	중

그 어울려 쓰는 것과 나란히 쓸 때 왼쪽으로부터 오른쪽으로 쓰는 것이 첫소리·가운뎃소리

之 類 其 合 用 並 書 自 左 而 右 初 中

終	三	聲	皆	同	文	與	諺	雜	用	則	有	因
종	삼	성	개	동	문	여	언	잡	용	즉	유	인

끝소리 세 소리가 모두 같다. 한문과 우리말을 섞어 쓴다면

終	三	聲	皆	同	文	與	諺	雜	用	則	有	因

字	音	而	補	以	中	終	聲	者	如	孔	子	ㅣ
자	음	이	보	이	중	종	성	자	여	공	자	

한자의 음으로 인하여서 가운뎃소리, 끝소리로 보충할 것이 있다. 공자에 ㅣ가 붙으면

字	音	而	補	以	中	終	聲	者	如	孔	子	ㅣ

魯	ㅅ	:사ᄅᆞᆷ	之	類	諺	語	平	上	去	入	如
노			지	류	언	어	평	상	거	입	여

노나라의[ㅅ] :사ᄅᆞᆷ이 되는 유와 같다. 우리말 평·상·거·입성은

魯	ㅅ	:사ᄅᆞᆷ	之	類	諺	語	平	上	去	入	如

활	為	弓	而	其	聲	平	돌	為	石	而	其	聲
	위	궁	이	기	성	평		위	석	이	기	성

활이 弓(활 궁)이 되어서 그 소리는 평성이고 돌이 石(돌 석)이 되면 그 소리는

·활	為	弓	而	其	聲	平	:돌	為	石	而	其	聲

上 갈 為 刀 而 其 聲 去 믈 為 筆 而 其

상 · 위 도 이 기 성 거 위 필 이 기

상성이 되고, ·갈은 刀(칼 도)가 되면 그 소리가 거성이 되고 ·믈이 筆(붓 필)이 되면 그

上 ·갈 為 刀 而 其 聲 去 ·믈 為 筆 而 其

聲 入 之 類 凡 字 之 左 加 一 點 為 去

성 입 지 류 범 자 지 좌 가 일 점 위 거

소리는 입성이 되는 유와 같다. 모든 글자의 왼쪽에 한 점을 더하면 거성이

聲 入 之 類 凡 字 之 左 加 一 點 為 去

聲 二 點 為 上 聲 無 點 為 平 聲 而 文

성 이 점 위 상 성 무 점 위 평 성 이 문

되고, 두 점이면 상성이 되고, 점이 없으면 평성이 된다. 그러나 문자의

聲 二 點 為 上 聲 無 點 為 平 聲 而 文

之 入 聲 與 去 聲 相 似 諺 之 入 聲 無

지 입 성 여 거 성 상 사 언 지 입 성 무

입성은 (우리말의)거성과 서로 비슷하다. 우리말의 입성은

之 入 聲 與 去 聲 相 似 諺 之 入 聲 無

定 或 似 平 聲 如 긷 爲 柱 녑 爲 脅 或
정 혹 사 평 성 여 　 위 주 　 위 협 혹

정해진 바가 없으니 혹은 평성과 비슷하다. 긷이 柱(기둥 주)가 되고 녑이 脅(옆구리 협)이 됨과 같다. 혹은

定	或	似	平	聲	如	긷	爲	柱	녑	爲	脅	或

似 上 聲 如 :낟 爲 穀 :깁 爲 繒 或 似 去
사 상 성 여 　 위 곡 　 위 증 혹 사 거

상성과 비슷하여 :낟이 穀(곡식 곡)이 되고 :깁은 繒(비단 증)이 됨과 같다. 혹은 거성과 비슷하여

似	上	聲	如	:낟	爲	穀	:깁	爲	繒	或	似	去

聲 如 ·몯 爲 釘 ·입 爲 口 之 類 其 加 點
성 여 　 위 정 　 위 구 지 류 기 가 점

·몯이 釘(못 정)이 되고, ·입이 口(입 구)의 유가 됨과 같다. 그 점을 더하면

聲	如	·몯	爲	釘	·입	爲	口	之	類	其	加	點

則 與 平 上 去 同 平 聲 安 而 和 春 也
즉 여 평 상 거 동 평 성 안 이 화 춘 야

평·상·거와 더불어 같다. 평성은 안정되면서 화하니 봄이다.

則	與	平	上	去	同	平	聲	安	而	和	春	也

萬物舒泰上聲和而舉夏也萬物

만 물 서 태 상 성 화 이 거 하 야 만 물

만물이 천천히 피어 자람이다. 상성은 화하면서 들어지니 여름이다. 만물이

萬 物 舒 泰 上 聲 和 而 舉 夏 也 萬 物

漸盛去聲舉而壯秋也萬物成熟

점 성 거 성 거 이 장 추 야 만 물 성 숙

점차 성함이다. 거성은 들어지면서 굳세지니 가을이다. 만물이 성숙해진다.

漸 盛 去 聲 舉 而 壯 秋 也 萬 物 成 熟

入聲促而塞冬也萬物閉藏初聲

입 성 촉 이 색 동 야 만 물 폐 장 초 성

입성은 빠르면서 막히니 겨울이다. 만물이 폐장[36]한다. 첫소리의

入 聲 促 而 塞 冬 也 萬 物 閉 藏 初 聲

之ㆆ與〇相似於諺可以通用也

지 여 상 사 어 언 가 이 통 용 야

ㆆ와 ㅇ는 서로 비슷하여 우리말에서 통용될 수 있다.

之 ㆆ 與 〇 相 似 於 諺 可 以 通 用 也

半 舌 有 輕 重 二 音 然 韻 書 字 母 唯
반 설 유 경 중 이 음 연 운 서 자 모 유

반혓소리에는 가볍고 무거움의 두 소리가 있다. 그러나 운서의 子母에서는 (구별하지 않고) 오직

半 舌 有 輕 重 二 音 然 韻 書 字 母 唯

一 且 國 語 雖 不 分 輕 重 皆 得 成 音
일 차 국 어 수 불 분 경 중 개 득 성 음

하나이다. 또한 우리나라 말에서는 비록 가볍고 무거움으로 나누지 않으나 모두 소리를 이루어 낸다.

一 且 國 語 雖 不 分 輕 重 皆 得 成 音

若 欲 備 用 則 依 脣 輕 例 〇 連 書 ㄹ
약 욕 비 용 즉 의 순 경 례 연 서

만일 별도로 쓰고자 한다면, 입술 가벼운 소리의 예에 따라, ㅇ를 ㄹ의

若 欲 備 用 則 依 脣 輕 例 〇 連 書 ㄹ

下 爲 半 舌 輕 音 舌 乍 附 上 腭 · 一
하 위 반 설 경 음 설 사 부 상 악

아래 붙여 써 반입술 가벼운 소리가 되는데, 혀가 윗잇몸에 잠깐만 붙는다. ·와 一가

下 爲 半 舌 輕 音 舌 乍 附 上 腭 · 一

起 ㅣ 聲 於 國 語 無 用 兒 童 之 言 邊
기 　 성 어 국 어 무 용 아 동 지 언 변

ㅣ 소리에서 일어나는 것은 우리나라 말에서 쓰임이 없고, 어린이 말이나

起 ㅣ 聲 於 國 語 無 用 兒 童 之 言 邊

野 之 語 或 有 之 當 合 二 字 而 用 如
야 지 어 혹 유 지 당 합 이 차 이 용 여

시골말에 간혹 있기도 한데, 마땅히 두 글자를 어울려 쓸 것이니

野 之 語 或 有 之 當 合 二 字 而 用 如

ㄱㅣㄲ 之 類 其 先 從 後 橫 與 他 不 同
지 류 기 선 종 후 횡 여 타 부 동

ㄱㅣㄲ의 유와 같다. 그 먼저 세로를 쓰고 뒤에 가로로 쓰는 것은 다른 글자와 같지 않다.

ㄱㅣㄲ 之 類 其 先 從 後 橫 與 他 不 同

訣 曰
결 왈

요결로 말하자면 :

訣 曰

初聲在中聲左上
초 성 재 중 성 좌 상

첫소리는 가운뎃소리의 왼쪽이나 위에 있는데

初	聲	在	中	聲	左	上	

挹欲於諺用相同
읍 욕 어 언 용 상 동

ㆆ(挹)와 ㅇ(欲)는 우리말에서 서로 같게 쓰인다

挹	欲	於	諺	用	相	同	

中聲十一附初聲
중 성 십 일 부 초 성

가운뎃소리의 열 한자를 첫소리에 붙일 때

中	聲	十	一	附	初	聲	

圓橫書下右書縱
원 횡 서 하 우 서 종

원과 가로획은 아래와 오른쪽에 쓰는데, 세로는

圓	橫	書	下	右	書	縱	

欲書終聲在何處
욕 서 종 성 재 하 처

끝소리를 쓰려면 어느 곳에 있어야 하는가?

欲	書	終	聲	在	何	處	

初中聲下接著寫
초 중 성 하 접 착 사

첫·끝소리를 아래에 붙어서 써야 한다.

	初	中	聲	下	接	着	寫

初終合用各並書
초 종 합 용 각 병 서

첫·끝소리를 모아서 쓰려면 각각 나란히 쓰며

	初	終	合	用	各	並	書

中亦有合悉自左
중 역 유 합 실 자 좌

가운뎃소리 또한 합해 쓰되 다 좌로부터 쓴다.

	中	亦	有	合	悉	自	左

諺之四聲何以辨
언 지 사 성 하 이 변

우리말의 사성은 어떻게 분별하나?

諺之四聲何以辨

平聲則弓上則石
평 성 즉 궁 상 즉 석

활(弓)이면 평성이고, ·돌(石)이면 상성이다.

平聲則弓上則石

刀為去而筆為入
도 위 거 이 필 위 입

·갈(刀)은 거성이고, ·붇(筆)은 입성이다.

刀為去而筆為入

觀此四物他可識
관 차 사 물 타 가 식

이 네 가지 사물을 보아서 다른 것도 가히 알 수 있다.

觀此四物他可識

音因左點四聲分
음 인 좌 점 사 성 분

음은 왼쪽의 점으로 인하여서 사성을 나누니

音	因	左	點	四	聲	分	

一去二上無點平
일 거 이 상 무 점 평

하나는 거성, 둘은 상성, 점이 없으면 평성이다.

一	去	二	上	無	點	平	

語入無定亦加點
어 입 무 정 역 가 점

말의 입성은 정함이 없고 또한 점을 더한다.

語	入	無	定	亦	加	點	

文之入則似去聲
문 지 입 즉 사 거 성

한문의 입성은 거성과 비슷하다.

文	之	入	則	似	去	聲	

方言俚語萬不同
방 언 이 어 만 부 동

방언[37]과 이어[38]가 일만 가지나 같지 않아서

方	言	俚	語	萬	不	同

有聲無字書難通
유 성 무 자 서 난 통

소리가 있고 글자가 없어서 써서 통하기 어렵다.

有	聲	無	字	書	難	通

一朝
일 조

하루아침에

一	朝			

制作侔神工
제 작 모 신 공

만들어 힘쓴 것은 신공이니

制	作	侔	神	工	

大東千古開矇矓
대 동 천 고 개 몽 룡

동방의 큰 나라 아주 오랜 세월 동안의 희미한 의식을 열었다.

大	東	千	古	開	矇	矓

用字例
용 자 례

글자를 사용하는 예

用	字	例

初聲ㄱ如:감為柿·골為蘆ㅋ如우
초 성 여 위 시 위 로 여

첫소리 ㄱ는 :감이 柿(감나무 시)가 되고, ·골이 蘆(갈대 로)가 됨과 같다. ㅋ는 우

初	聲	ㄱ	如	:감	為	柿	·골	為	蘆	ㅋ	如	우

·케為未舂稻콩為大豆ㆁ如러·울
위 미 용 도 위 대 두 여

·케가 未舂稻(아닐 미/찧을 용/벼 도)가 되고, 콩이 大豆(큰 대/콩 두)가 됨과 같다. ㆁ는 러울이

·케	為	未	舂	稻	콩	為	大	豆	ㆁ	如	러	·울

為獺ㅅ에 爲流澌ㄷ 如·뒤 爲茅·담

위 달　위 유 시　여　위 모

獺(수달 달)이 되고, 서에가 流澌 (흐를 유/성엣장 시)가 됨과 같다. ㄷ는 뒤가 茅(띠 모)가 되고, ·담이

為 獺 서·에 為 流 澌 ㄷ 如 ·뒤 為 茅 ·담

為墙ㅌ 如고·티 爲繭두·텁 爲蟾蜍

위 장　여　위 견　위 섭 서

墻(담 장)이 됨과 같다. ㅌ는 고티가 繭(고치 견)이 되고, 이 蟾蜍 (두거비 섭/두꺼비 서)가 됨과 같다.

為 墙 ㅌ 如 고·티 為 繭 두 텁 為 蟾 蜍

ㄴ如노로 爲獐납· 爲猿ㅂ 如볼 爲

여　위 장　위 원　여　위

ㄴ는 노로가 獐(노루 장)이 되고, 납이 猿(원숭이 원)이 됨과 같다. ㅂ는 볼이

ㄴ 如 노·로 為 獐 납· 為 猿 ㅂ 如 볼 為

臂·빌 爲蜂ㅍ 如·파 爲蔥·풀 爲蠅ㅁ

비　위 봉　여　위 총　위 승

臂(팔 비)가 되고, ·빌이 蜂(벌 봉)이 됨과 같다. ㅍ는 파가 蔥(파 총)이 되고, ·풀이 蠅(파리 승)이 됨과 같다. ㅁ는

臂 ·빌 為 蜂 ㅍ 如 ·파 為 蔥 ·풀 為 蠅 ㅁ

如 :뫼 為 山 ·마 為 薯 藇 ·뵹 如 사 ·비 為

여　위 산　위 서 여　여　위

뫼가 山(뫼 산)이 되고, ·마가 薯藇(참마 서/마 여)가 됨과 같다. 뵹은 사·비가

如 :뫼 為 山 ·마 為 薯 藇 뵹 如 사 ·비 為

蝦 드·뵈 為 瓠 ㅈ 如 ·자 為 尺 죠·히 為

하　위 호 여　위 척　위

蝦(새우 하)가 되고, 드·뵈가 瓠(표주박 호)가 됨과 같다. ㅈ는 자가 尺(자 척)이 되고, 죠·히가

蝦 드 ·뵈 為 瓠 ㅈ 如 ·자 為 尺 죠 ·히 為

紙 ㅊ 如 ·체 為 籭 ·채 為 鞭 ㅅ 如 ·손 為

지　여　위 사　위 편 여　위

紙(종이 지)가 됨과 같다. ㅊ는 체가 籭(체 사)가 되고, 채가 鞭(채찍 편)이 됨과 같다. ㅅ는 손이

紙 ㅊ 如 ·체 為 籭 ·채 為 鞭 ㅅ 如 ·손 為

手 :셤 為 島 ㅎ 如 ·부헝 為 鵂 鶹 ·힘 為

수　위 도　여　위 휴 류　위

手(손 수)가 되고, :셤이 島(섬 도)가 됨과 같다. ㅎ는 ·브헝이 鵂鶹(수리부엉이 휴/올빼미 류)가
되고, ·힘이

手 :셤 為 島 ㅎ 如 ·브 헝 為 鵂 鶹 ·힘 為

筋 ○ 如 ·비육 爲 鷄雛 ·ᄇᆞ얌 爲 蛇 ㄹ

근　여　　위　계추　　위　사

筋(힘줄 근)이 됨과 같다. ○는 비육이 鷄雛(닭 계/병아리 추)가 되고, ·ᄇᆞ얌이 蛇(뱀 사)가 됨과 같다. ㄹ는

筋　○　如　·비육　爲　鷄雛　·ᄇᆞ얌　爲　蛇　ㄹ

如 ·무뤼 爲 雹 어·름 爲 氷 △ 如 아ᅀᆞ

여　　위　박　　위　빙　　여

·무뤼가 雹(누리 박)이 되고, 어·름이 氷(얼음 빙)이 됨과 같다. △는 아ᅀᆞ가

如 ·무뤼 爲 雹 어·름 爲 氷 △ 如 아ᅀᆞ

爲 弟 :너ᅀᅵ 爲 鴇 中聲 · 如 ·톡 爲 頤

위　제　　위　보　중성　여　위　이

弟(아우 제)가 되고, :너ᅀᅵ가 鴇(능에 보)가 됨과 같다. 가운뎃소리 ·는 ·톡이 頤(턱 이)가 되고,

爲 弟 :너ᅀᅵ 爲 鴇 中聲 · 如 ·톡 爲 頤

·ᄑᆺ 爲 小豆 ᄃᆞ리 爲 橋 ·ᄀᆞ래 爲 楸 一

위 소두　　위 교　　위 추

·ᄑᆺ이 小豆(작을 소/콩 두)가 되고, ᄃᆞ리가 橋(다리 교)가 되고, ·ᄀᆞ래가 楸(가래나무 추)가 됨과 같다. 一는

·ᄑᆺ 爲 小豆 ᄃᆞ리 爲 橋 ·ᄀᆞ래 爲 楸 一

如·믈 為水 ·발·측 為跟 그력 為鴈 ᄃ

| 여 | 위 | 수 | | 위 | 근 | 위 | 안 |

믈이 水(믈 수)가 되고, 발측이 跟(발꿈치 근)이 되고, 그력이 雁(기러기 안)이 되고, 드

如·믈 為水 ·발·측 為跟 그력 為雁 ᄃ

·레 為汲器 ㅣ 如·깃 為巢 :밀 為蠟 ·ㅍㅣ

| 위 | 급 기 | 여 | 위 | 소 | 위 | 랍 |

레가 汲器(길을 급/그릇 기)가 됨과 같다. ㅣ는 깃이 巢(새집 소)가 되고, :밀이 蠟(밀 랍)이 되고, ·피가

·레 為汲器 ㅣ 如·깃 為巢 :밀 為蠟 ·ㅍㅣ

為稷 ·키 為箕 ㅡ 如·논 為水田 틉 為

| 위 | 직 | 위 | 기 | 여 | 위 | 수 전 | 위 |

稷(기장 직)이 되고, ·키가 箕(키 기)가 됨과 같다. ㅡ는 논이 水田(물 수/밭 전)이 되고, 톱이

為稷 ·키 為箕 ㅡ 如·논 為水田 틉 為

鉅 호·미 為鉏 벼·로 為硯 ㅏ 如·밥 為

| 거 | | 위 | 서 | | 위 | 연 | 여 | 위 |

鉅(톱 거)가 되고, 호미가 鉏(호미 서)가 되고, 벼로가 硯(벼루 연)이 됨과 같다. ㅏ는 밥이

鉅 호·미 為鉏 벼·로 為硯 ㅏ 如·밥 為

飯·밥	為	鎌이·아	為	綜사·ᅀᆞᆷ	為	鹿一
반	위	겸	위	종	위	록

飯(밥 반)이 되고, 낟이 鎌(낫 겸)이 되고, 이아가 綜(잉아 종)이 되고, 사슴이 鹿(사슴 록)이 됨과 같다. ㅡ는

飯	·낟	為	鎌	이·아	為	綜	사·ᅀᆞᆷ	為	鹿	一

如	숯	為	炭·울	為	籬ᄂᆞ·에	為	蠶구·리
여		위	탄	위	리	위	잠

숯이 炭(숯 탄)이 되고, ·울이 籬(울타리 리)가 되고, 누에가 蠶(누에 잠)이 되고, 구리가

如	숯	為	炭	·울	為	籬	ᄂᆞ·에	為	蠶	구·리

為	銅ㅓ	如	브섭	為	竈:널	為	板서·리
위	동	여		위	조	위	판

銅(구리 동)이 됨과 같다. ㅓ는 브섭이 竈(부엌 조)가 되고, :널이 板(널빤지 판)이 되고, 서·리가

為	銅	ㅓ	如	브섭	為	竈	:널	為	板	서·리

為	霜버·들	為	柳ᅲ	如	:죵	為	奴·고욤
위	상	위	류	여		위	노

霜(서리 상)이 되고, 버들은 柳(버들 류)가 됨과 같다. ᅲ는 죵이 奴(종 노)가 되고, 고욤이

為	霜	버·들	為	柳	ᅲ	如	:죵	為	奴	고욤

為 栐 ·ㅛ 為 牛 삽 됴 為 蒼 朮 菜 ㅑ 如
위　영　　위　우　삽　됴　위　창　출　채　　　여

栐(고욤나무 영)이 되고, ·ㅛ가 牛(소 우)가 되고, 삽됴가 蒼朮菜(푸를 창/차조 출/나물 채)가 됨과 같으며, ㅑ는

為 栐 ·ㅛ 為 牛 삽 됴 為 蒼 朮 菜 ㅑ 如

남 샹 為 龜 약 為 龜 鼊 다·야 為 匜 쟈
　　　위　귀　　위　구　벽　　　위　이

남샹이 龜(거북 귀)가 되고, 약이 龜鼊(두 뿔 달린 개구리 구/거북 벽)이 되며, 다·야가 匜(주전자 이)가 되고, 쟈

남 샹 為 龜 약 為 龜 鼊 다·야 為 匜 쟈

감 為 蕎 麥 皮 ·· 如 율 믜 為 薏 苡 죽
　　위　교　맥　피　　여　　　위　의　이

감이 蕎麥皮(메밀 교/보리 맥/가죽 피)가 됨과 같다. ··는 율믜가 薏苡(율무 의/율무 이)가 되고, 죽이

감 為 蕎 麥 皮 ·· 如 율 믜 為 薏 苡 죽

為 飯 楫 슈·룹 為 雨 繖 쥬련 為 帨 ㅕ
위　반　잡　　　위　우　산　　　위　세

飯楫(밥 반/나무가 부러지는 소리 잡)이 되고, 슈·룹이 雨繖(비 우/우산 산)이 되고, 쥬련이 帨(수건 세)가 됨과 같다. ㅕ는

為 飯 楫 슈·룹 為 雨 繖 쥬 련 為 帨 ㅕ

如·엿為飴餹·뎔為佛寺·뼈為稻·져
여　　위　이　당　　위　불　사　　위　도

엿이 飴餹(엿 이/엿 당)이 되고, 뎔이 佛寺(부처 불/절 사)가 되고, 뼈가 稻(벼 도)가 되고, 져비가

如·엿 為 飴 餹·뎔 為 佛 寺·뼈 為 稻·져

비為燕終聲ㄱ如닥為楮독為甕
위　연　종　성　　여　　위　저　　독　위　옹

燕(제비 연)이 됨과 같다. 끝소리 ㄱ는 닥이 楮(닥나무 저)가 되고, 독이 甕(독 옹)이 됨과 같으며,

비 為 燕 終 聲 ㄱ 如 닥·為 楮 독 為 甕

ㆁ如·굼벙為蠐螬·올창為蝌蚪ㄷ
여　　　위　제　조　　위　과　두

ㆁ는·굼벙이 蠐螬(굼벵이 제/굼벵이 조)가 되고, 올창이 蝌蚪(올챙이 과/올챙이 두)가 되는 것과 같으며, ㄷ는

ㆁ 如·굼 벙 為 蠐 螬·올 창·為 蝌 蚪 ㄷ

如·갇為笠싣為楓ㄴ如·신為屨·반
여　　위　립　　위　풍　　여　　위　구

갇이 笠(삿갓 립)이 되고, 싣이 楓(단풍나무 풍)이 됨과 같으며, ㄴ는·신이 屨(신 구)가 되고, 반

如·갇 為 笠 싣 為 楓 ㄴ 如·신 為 屨·반

되	為	螢	ㅂ	如	섭	為	薪	굽	為	蹄	口	如
위		형		여	위		신	위		제		여

되가 螢(개똥벌레 형)이 됨과 같으며, ㅂ는 섭이 薪(섶나무 신)이 되고, 굽이 蹄(굽 제)가 됨과 같으며, ㅁ는

되	為	螢	ㅂ	如	섭	為	薪	굽	為	蹄	ㅁ	如

범	為	虎	셈	為	泉	ㅅ	如	잣	為	海	松	못
위		호	위		천		여	위		해	송	

범이 虎(범 호)가 되고, 셈이 泉(샘 천)이 됨과 같으며, ㅅ는 잣이 海松(바다 해/소나무 송)이 되고, 못이

범	為	虎	셈	為	泉	ㅅ	如	잣	為	海	松	못

為	池	ㄹ	如	돌	為	月	별	為	星	之	類
위	지		여	위		월	위		성	지	류

池(못 지)가 됨과 같으며, ㄹ는 돌이 月(달 월)이 되고, 별은 星(별 성)이 되는 유와 같다.

為	池	ㄹ	如	돌	為	月	별	為	星	之	類

有	天	地	自	然	之	聲	則	必	有	天	地
유	천	지	자	연	지	성	즉	필	유	천	지

천지자연의 소리가 있으면 반드시 천지

有	天	地	自	然	之	聲	則	必	有	天	地

自然之文所以古人因聲制字
자 연 지 문 소 이 고 인 인 성 제 자

자연의 문자가 있다. 이런 까닭에 옛사람이 소리로 인하여 글자를 만들어서

自然之文所以古人因聲制字

以通萬物之情以載三才之道
이 통 만 물 자 정 이 재 삼 재 지 도

만물의 뜻을 통하게 하고, 삼재의 도를 실었으나

以通萬物之情以載三才之道

而後世不能易也然四方風土
이 후 세 불 능 역 야 연 사 방 풍 토

후세에서 능히 바꿀 수가 없었다. 그러나 사방의 풍토가

而後世不能易也然四方風土

區別聲氣亦随而異焉盖外國
구 별 성 기 역 수 이 이 언 개 외 국

구별되고 말소리의 기운 또한 따르게 되면서 다르게 되었다. 대개 외국의

區別聲氣亦隨而異焉盖外國

之語有其聲而無其字假中國
지 어 유 기 성 이 무 기 자 가 중 국

말은 그 소리는 있어도 그 글자는 없으므로, 중국의

之	語	有	其	聲	而	無	其	字	假	中	國

之字以通其用是猶枘鑿之鉏
지 자 이 통 기 용 시 유 예 착 지 서

글자를 빌려서 그 일용에 통하게 하니, 이것이 둥근 장부가 네모진 구멍에 들어가

之	字	以	通	其	用	是	猶	枘	鑿	之	鉏

鉏也豈能達而無礙乎要皆各
어 야 기 능 달 이 무 애 호 요 개 각

서로 어긋남과 같은데, 어찌 능히 통하여 막힘이 없겠는가? 요점은 모두 각기

鉏	也	豈	能	達	而	無	礙	乎	要	皆	各

隨所處而安不可強之使同也
수 소 처 이 안 불 가 강 지 사 동 야

처지에 따라 편안하게 해야만 되고, 억지로 같게 할 수는 없는 것이다.

隨	所	處	而	安	不	可	強	之	使	同	也

吾東方禮樂文章侔擬華夏但

오 동 방 예 악 문 장 모 의 화 하 단

우리 동방의 예악과 문장이 중화와 견줄만 하다. 다만,

吾	東	方	禮	樂	文	章	侔	擬	華	夏	但

方言俚語不與之同學書者患

방 언 이 어 불 여 지 동 학 서 자 환

방언과 이어가 같지 않으므로, 글을 배우는 사람은

方	言	俚	語	不	與	之	同	學	書	者	患

其旨趣之難曉治獄者病其曲

기 지 취 지 난 효 치 옥 자 병 기 곡

그 뜻을 깨닫기가 어려움을 근심하고, 옥사를 다스리는 사람은 그 곡절을

其	旨	趣	之	難	曉	治	獄	者	病	其	曲

折之難通昔新羅薛聰始作吏

절 지 난 통 석 신 라 설 총 시 작 이

통하기 어려움을 근심했다. 옛날에 신라의 설총[39]이 처음으로 이두[40]를

折	之	難	通	昔	新	羅	薛	聰	始	作	吏

讀 官 府 民 間 至 今 行 之 然 皆 假
두 관 부 민 간 지 금 행 지 연 개 가

만들었는데, 관청과 민간에서는 지금까지도 그것을 쓰고 있다. 그러나 모두

讀 官 府 民 間 至 今 行 之 然 皆 假

字 而 用 或 澁 或 窒 非 但 鄙 陋 無
자 이 용 혹 삽 혹 질 비 단 비 루 무

한자를 빌려서 쓰는 것이므로, 혹은 어색하고 혹은 막혀서 답답하다. 다만, 비루[41]하고

字 而 用 或 澁 或 窒 非 但 鄙 陋 無

稽 而 已 至 於 言 語 之 間 則 不 能
계 이 이 지 어 언 어 지 간 즉 불 능

근거가 없을 뿐만 아니라, (우리) 말을 적는데 이르러서는

稽 而 已 至 於 言 語 之 間 則 不 能

達 其 萬 一 焉 癸 亥 冬 我
달 기 만 일 언 계 해 동 아

그 만분의 일도 도달하지 못한다. 계해년(1443) 겨울에 우리

達 其 萬 一 焉 癸 亥 冬 我

殿下創制正音二十八字略揭
전 하 창 제 정 음 이 십 팔 자 략 게

전하께서 정음 스물여덟 자를 창제하시고, 간략하게

殿	下	創	制	正	音	二	十	八	字	略	揭

例義以示之名曰訓民正音象
예 의 이 시 지 명 왈 훈 민 정 음 상

例(법식 예)와 義(옳을 의)를 들어 보여 주시며 이름을 훈민정음이라고 하셨다. (이 글자는) 모양을

例	義	以	示	之	名	曰	訓	民	正	音	象

形而字倣古篆因聲而音叶七
형 이 자 방 고 전 인 성 이 음 협 칠

본떠서 만들되 글자는 옛날 전서[42]를 본떴고, 소리에 따라 음률은 일곱 가락에 들어맞는다.

形	而	字	倣	古	篆	因	聲	而	音	叶	七

調三極之義二氣之妙莫不該
조 삼 극 지 의 이 기 지 묘 막 불 해

삼재의 뜻과 음양 이기의 오묘함을 두루 갖추지 않은 것이 없다.

調	三	極	之	義	二	氣	之	妙	莫	不	該

括以二十八字而轉換無窮簡
괄 이 이 십 팔 자 이 전 환 무 궁 간

이 스물여덟 자로써 전환이 무궁하여 간단하면서도,

括	以	二	十	八	字	而	轉	換	無	窮	簡

而要精而通故智者不終朝而
이 요 정 이 통 고 지 자 불 종 조 이

요점을 잘 드러내고 정밀하면서도 두루 통할 수 있다. 그러므로 슬기로운 사람은 하루아침을 마치기도 전에 깨우치고

而	要	精	而	通	故	智	者	不	終	朝	而

會愚者可浹旬而學以是解書
회 우 자 가 협 순 이 학 이 시 해 서

어리석은 자라도 가히 두루 미쳐서 열흘이면 배울 수 있다. 이 글자로써 한문을 풀이하면

會	愚	者	可	浹	旬	而	學	以	是	解	書

可以知其義以是聽訟可以得
가 이 지 기 의 이 시 청 송 가 이 득

가히 그 뜻을 알 수 있고, 이 글자로써 송사를 심리하면 그 실정을 알 수 있다.

可	以	知	其	義	以	是	聽	訟	可	以	得

其 情 字 韻 則 清 濁 之 能 辨 樂 歌
기 정 자 운 즉 청 탁 지 능 변 악 가

글자의 운으로는 맑고 흐린 소리를 능히 구별할 수 있고, 악가의

其	情	字	韻	則	清	濁	之	能	辨	樂	歌

則 律 呂 之 克 諧 無 所 用 而 不 備
즉 율 려 지 극 해 무 소 용 이 불 비

율려[43]가 고르게 되며, 글을 쓰는데 갖추어지지 않은 바가 없고,

則	律	呂	之	克	諧	無	所	用	而	不	備

無 所 往 而 不 達 雖 風 聲 鶴 唳 雞
무 소 왕 이 부 달 수 풍 성 학 려 계

이르러 통하지 못한 바가 없다. 비록 바람 소리, 학의 울음소리, 닭 우는 소리,

無	所	往	而	不	達	雖	風	聲	鶴	唳	雞

鳴 狗 吠 皆 可 得 而 書 矣 遂
명 구 폐 개 가 득 이 서 의 수

개 짖는 소리 일지라도 모두 적을 수가 있다. 드디어

鳴	狗	吠	皆	可	得	而	書	矣	遂

命	詳	加	觧	釋	以	喩	諸	人	於	是	臣
명	상	가	해	석	이	유	제	인	어	시	신

자세한 해석을 더하여 모든 사람을 깨우치도록 명하셨다. 이에 신이

命	詳	加	解	釋	以	喩	諸	人	於	是	臣

與	集	賢	殿	應	敎	臣	崔	恒	副	校	理
여	집	현	전	응	교	신	최	항	부	교	리

집현전 응교 신 최 항과 부교리

與	集	賢	殿	應	敎	臣	崔	恒	副	校	理

臣	朴	彭	年	臣	申	叔	舟	脩	撰	臣	成
신	박	팽	년	신	신	숙	주	수	찬	신	성

신 박팽년과 신 신숙주와 수찬 신 성삼문과

臣	朴	彭	年	臣	申	叔	舟	修	撰	臣	成

三	問	敦	寧	府	注	簿	臣	姜	希	顏	行
삼	문	돈	녕	부	주	부	신	강	희	안	행

돈녕부 주부 신 강희안과 행

三	問	敦	寧	府	注	簿	臣	姜	希	顏	行

集	賢	殿	副	脩	撰	臣	李	塏	臣	李	善
집	현	전	부	수	찬	신	이	개	신	이	선

집현전 부수찬 신 이개와 신 이선로 등과

集	賢	殿	副	修	撰	臣	李	塏	臣	李	善

老	等	謹	作	諸	解	及	例	以	叙	其	梗
로	등	근	작	제	해	급	례	이	서	기	경

더불어 삼가 여러 가지 풀이[解]와 보기[例]를 지어서 그 요점만 간략하게 서술하여

老	等	謹	作	諸	解	及	例	以	叙	其	梗

槩	庶	使	觀	者	不	師	而	自	悟	若	其
개	서	사	관	자	불	사	이	자	오	약	기

여러 보는 사람으로 하여금 스승이 없어도 스스로 깨우치게 하였다. 그 깊은

槩	庶	使	觀	者	不	師	而	自	悟	若	其

淵	源	精	義	之	妙	則	非	臣	等	之	所
연	원	정	의	지	묘	즉	비	신	등	지	소

연원이나, 정밀한 뜻은 신묘하여 신들이

淵	源	精	義	之	妙	則	非	臣	等	之	所

能 發 揮 也 恭 惟 我
능 발 휘 야 공 유 아

능히 펴 나타낼 수 있는 바가 아니다. 공손히 생각하옵건데 우리

能	發	揮	也	恭	惟	我	

殿 下 天 縱 之 聖 制 度 施 爲 超 越
전 하 천 종 지 성 제 도 시 위 초 월

전하께서 하늘이 내신 성인으로서 지으신 법도와 베푸신 업적이

殿	下	天	縱	之	聖	制	度	施	爲	超	越

百 王 正 音 之 作 無 所 祖 述 而 成
백 왕 정 음 지 작 무 소 조 술 이 성

백왕을 뛰어넘으시어, 정음을 지으심도 앞선 사람이 지은 것에 의한 것이 아니고

百	王	正	音	之	作	無	所	祖	述	而	成

於 自 然 豈 以 其 至 理 之 無 所 不
어 자 연 기 이 기 지 이 지 무 소 부

자연에서 이룩하신 것이다. 참으로 그 지극한 이치가 들어 있지 아니한 곳이 없으니,

於	自	然	豈	以	其	至	理	之	無	所	不

在 而 非 人 為 之 私 也 夫 東 方 有
재 이 비 인 위 지 사 야 부 동 방 유

사람의 힘으로 사사로이 한 것이 아니다. 대저 동방에

在	而	非	人	為	之	私	也	夫	東	方	有

國 不 為 不 久 以 開 物 成 務 之
국 불 위 불 구 이 개 물 성 무 지

나라가 있은 지가 오래되지 않음이 아니지만, 만물의 뜻을 깨달아 모든 일을 온전하게 이루게 하는

國	不	為	不	久	以	開	物	成	務	之	

大 智 盖 有 待 於 今 日 也 歟 正 統
대 지 개 유 대 어 금 일 야 여 정 통

큰 지혜는 오늘을 기다리고 있었던 것이다. 정통[44]

大	智	盖	有	待	於	今	日	也	歟	正	統

十 一 年 九 月 上 澣 資 憲 大 夫 禮
십 일 년 구 월 상 한 자 헌 대 부 예

11년 9월 상한[45], 자헌대부

十	一	年	九	月	上	澣	資	憲	大	夫	禮

曹判書集賢殿大提學知春秋
조 판 서 집 현 전 대 제 학 지 춘 추

예조판서 집현전 대제학 지춘추

曹判書集賢殿大提學知春秋

館事　世子右賓客臣鄭麟趾
관 사　세 자 우 빈 객 신 정 인 지

관사 세자우빈객, 신 정인지는

館事　世子右賓客臣鄭麟趾

拜手稽首謹書
배 수 계 수 근 서

두 손 모아 절하고 머리 조아려 삼가 쓴다.

拜手稽首謹書

訓民正音
훈 민 정 음

훈민정음

訓民正音

훈민정음 해례본

부록

1. 훈민정음 해례본에 쓰인 속자 및 약자 그리고 동자 정리

1) 정자보다는 속자나 약자 등이 사용된 이유

훈민정음 해례본에 쓰인 한자 중에는 의외로 정자 보다는 속자 및 약자 그리고 동자로 표기된 한자가 많이 쓰였다. 이것은 훈민정음을 창제하신 세종대왕께서 지식층이 쓰는 정자체보다는 백성들에게 널리 쓰이는 일반화된 한자, 즉 속자를 사용함으로써 훈민정음의 창제 취지에 부합하려는 것으로 한자체까지 세심한 배려를 하였음을 짐작할 수 있다.

2) 용어 정리

(1) 정자(正字) : 한자의 약자나 속자, 와자가 아닌 본디의 글자.

(2) 속자(俗字) : 한자에서, 원래 글자보다 획을 간단하게 하거나 아주 새로 만
들어 세간에서 널리 쓰는 글자.

(3) 약자(略字) : 복잡한 글자의 점이나 획의 일부를 생략하여 간략하게 한 글자.

(4) 동자(同字) : 같은 글자.

(5) 이체자(異體字) : 음과 뜻은 같으나 모양이 다른 한자. 흔히 정자에 상대되는 개념으로 사용되며, 정자의 획수를 줄여 간략하게 된 것이 많다.

(6) 고자(古字) : 고대에 쓰이던 글자이지만 현대에는 거의 사용하지 않는 글자.

(7) 와자(譌字) : 잘못 쓰인 글자인 줄 알면서도 민간에서 널리 사용되는 한자.

3) 훈민정음 해례본에 쓰인 속자, 약자, 동자 정리

- 盖 – 蓋(덮을 개)의 속자
- 軽 – 輕(가벼울 경)의 속자
- 顾 – 顧(돌아볼 고)의 속자
- 頼 – 賴(힘입을 뢰)의 속자
- 邉 – 邊(가 변)의 동자
- 籭 – 篩(체 사)와 동자
- 随 – 隨(따를 수)의 속자

- 㰥 – 歟(어조사 여)의 약자
- 为 – 爲(할 위)의 약자
- 蔵 – 藏(감출 장)의 약자
- 㦲 – 哉(어조사 재)의 속자
- 㝎 – 定(정할 정)의 속자
- 曽 – 曾(일찍 증)의 약자
- 虗 – 處(살 처)의 속자

- 聡 – 聰(귀 밝을 총)의 동자
- 圡 – 土(흙 토)의 속자
- 會 – 會(모일 회)의 약자
- 橫 – 橫(가로 횡)의 속자
- 槩 – 概(평미레 개)와 동자
- 雞 – 鷄(닭 계)의 동자
- 迺 – 乃(이에 내)와 동자
- 発 – 發(필 발)의 약자
- 並 – 竝(아우를 병)과 동자
- 属 – 屬(이을 속)의 속자
- 児 – 兒(아이 아)의 속자

- 㾮 – 墉(용) 동자. 牖(유)의 속자.
- 陰 – 陰(응달 음)의 동자
- 再 – 再(두 재)의 속자
- 點 – 點(점 점)과 동자
- 静 – 靜(고요할 정)의 약자
- 眞 – 眞(참 진)의 속자
- 清 – 淸(맑을 청)의 동자
- 冣 – 最(가장 최)의 속자
- 虗 – 虛(빌 허)의 동자
- 畫 – 畵(그을 획)의 속자
- 匜 – 匜(주전자 이)의 이체자

2. 훈민정음 해례본 전체 한자(725자) 훈음

ㄱ

- 可(옳을 가)
- 歌(노래 가)
- 加(더할 가)
- 假(거짓 가)
- 各(각각 각)
- 角(뿔 각)
- 肝(간 간)
- 間(사이 간)
- 簡(대쪽 간)
- 剛(굳셀 강)
- 强(강할 강)
- 姜(성 강)
- 開(열 개)
- 盖(덮을 개)
- 皆(다 개)

- 塏(높고 건조할 개)
- 槩(평미레 개)
- 客(손 객)
- 去(갈 거)
- 居(살 거)
- 炬(횃불 거)
- 鉅(클 거)
- 擧(들 거)
- 據(의거할 거)
- 揭(들 게)
- 乾(하늘 건)
- 見(볼 견)
- 繭(고치 견)
- 訣(이별할 결)
- 兼(겸할 겸)
- 鎌(낫 겸)

- 輕(가벼울 경)
- 梗(대개 경)
- 癸(열째 천간 계)
- 雞(닭 계)
- 鷄(닭 계)
- 稽(상고할 계)
- 季(끝 계)
- 啓(열 계)
- 古(옛 고)
- 固(굳을 고)
- 故(옛 고)
- 顧(돌아볼 고)
- 曲(굽을 곡)
- 穀(곡식 곡)
- 坤(땅 곤)
- 工(장인 공)

- 功(공 공)
- 孔(구멍 공)
- 恭(공손할 공)
- 蝌(올챙이 과)
- 官(벼슬 관)
- 管(피리 관)
- 館(객사 관)
- 冠(갓 관)
- 貫(꿸 관)
- 觀(볼 관)
- 括(묶을 괄)
- 廣(넓을 광)
- 巧(공교할 교)
- 交(사귈 교)
- 校(학교 교)
- 敎(가르칠 교)
- 蕎(메밀 교)
- 橋(다리 교)
- 九(아홉 구)
- 口(입 구)
- 久(오랠 구)
- 狗(개 구)
- 區(구분할 구)
- 具(갖출 구)
- 究(궁구할 구)
- 屨(신 구)
- 黽(두 뿔 달린 개구리 구)
- 國(나라 국)
- 君(임금 군)
- 弓(활 궁)
- 宮(집 궁)
- 窮(다할 궁)

- 厥(그 궐)
- 鬼(귀신 귀)
- 歸(돌아갈 귀)
- 龜(거북 귀)
- 虬(규룡 규)
- 克(이길 극)
- 極(다할 극)
- 隙(틈 극)
- 根(뿌리 근)
- 近(가까울 근)
- 跟(발꿈치 근)
- 筋(힘줄 근)
- 謹(삼갈 근)
- 今(이제 금)
- 金(성 김, 쇠 금)
- 琴(거문고 금)
- 及(미칠 급)
- 汲(길을 급)
- 急(급할 급)
- 其(그 기)
- 起(일어날 기)
- 氣(기운 기)
- 寄(부칠 기)
- 旣(이미 기)
- 幾(기미 기)
- 器(그릇 기)
- 豈(어찌 기)
- 箕(키 기)

ㄴ

- 那(어찌 나)
- 難(어려울 난)

- 南(남녘 남)
- 乃(이에 내)
- 內(안 내)
- 迺(이에 내)
- 年(해 년)
- 寧(편안할 녕)
- 奴(종 노)
- 能(능할 능)

ㄷ

- 多(많을 다)
- 但(다만 단)
- 端(바를 단)
- 斷(끊을 단)
- 鍛(쇠 불릴 단)
- 達(통달할 달)
- 獺(수달 달)
- 淡(맑을 담)
- 覃(미칠 담)
- 當(당할 당)
- 餹(엿 당)
- 大(큰 대)
- 待(기다릴 대)
- 對(대답할 대)
- 刀(칼 도)
- 度(법도 도)
- 道(길 도)
- 稻(벼 도)
- 島(섬 도)
- 獨(홀로 독)
- 讀(읽을 독 / 구절 두)
- 敦(도타울 돈)

- 冬(겨울 동)
- 東(동녘 동)
- 同(한가지 동)
- 銅(구리 동)
- 童(아이 동)
- 動(움직일 동)
- 斗(말 두)
- 豆(콩 두)
- 蚪(올챙이 두)
- 得(얻을 득)
- 等(가지런할 등)

ㄹ

- 羅(벌일 라)
- 蠟(밀 랍)
- 略(간략할 략)
- 兩(두 량)
- 呂(음률 려)
- 戾(어그러질 려)
- 唳(울 려)
- 閭(이문 려)
- 厲(갈 려)
- 力(힘 력)
- 連(잇닿을 련)
- 靈(신령 령)
- 例(법식 례)
- 禮(예도 례)
- 老(늙은이 로)
- 魯(노둔할 로)
- 蘆(갈대 로)
- 鹿(사슴 록)
- 論(말할 론)

- 賴(의뢰할 뢰)
- 朧(흐릴 롱)
- 陋(좁을 루)
- 類(무리 류)
- 流(흐를 류)
- 柳(버들 류)
- 鷚(올빼미 류)
- 六(여섯 륙)
- 律(법 률)
- 吏(벼슬아치 리)
- 李(오얏 리)
- 梨(배나무 리)
- 理(다스릴 리)
- 俚(속될 리)
- 離(떼놓을 리)
- 麟(기린 린)
- 立(설 립)
- 笠(삿갓 립)

ㅁ

- 莫(없을 막)
- 萬(일만 만)
- 末(끝 말)
- 每(매양 매)
- 麥(보리 맥)
- 萌(싹 맹)
- 名(이름 명)
- 命(목숨 명)
- 鳴(울 명)
- 明(밝을 명)
- 母(어미 모)
- 侔(가지런할 모)

- 茅(띠 모)
- 木(나무 목)
- 矇(청맹과니 몽)
- 妙(묘할 묘)
- 無(없을 무)
- 務(힘쓸 무)
- 文(글월 문)
- 門(문 문)
- 問(물을 문)
- 物(만물 물)
- 未(아닐 미)
- 彌(두루 미)
- 民(백성 민)
- 憫(근심할 민)

ㅂ

- 朴(성씨 박)
- 雹(누리 박)
- 反(되돌릴 반)
- 飯(밥 반)
- 半(반 반)
- 發(필 발)
- 方(모 방)
- 倣(본뜰 방)
- 拜(절 배)
- 配(짝 배)
- 百(일백 백)
- 凡(무릇 범)
- 闢(열 벽)
- 鼊(거북 벽)
- 辨(분별할 변)
- 變(변할 변)

■ 邊(가 변)

■ 別(나눌 별)

■ 彆(활 뒤틀릴 별)

■ 竝(아우를 병)

■ 病(병 병)

■ 步(걸음 보)

■ 補(기울 보)

■ 輔(덧방나무 보)

■ 鴇(능에 보)

■ 復(돌아올 복, 다시 부)

■ 覆(뒤집힐 복)

■ 本(밑 본)

■ 蜂(벌 봉)

■ 夫(지아비 부)

■ 附(붙을 부)

■ 府(곳집 부)

■ 副(버금 부)

■ 簿(장부 부)

■ 北(북녘 북)

■ 分(나눌 분)

■ 不(아닌가 부, 아닐 불)

■ 佛(부처 불)

■ 比(견줄 비)

■ 非(아닐 비)

■ 備(갖출 비)

■ 鼻(코 비)

■ 脾(지라 비)

■ 臂(팔 비)

■ 鄙(더러울 비)

■ 賓(손 빈)

■ 氷(얼음 빙)

ㅅ

■ 四(넉 사)

■ 乍(잠깐 사)

■ 私(사사 사)

■ 似(같을 사)

■ 使(하여금 사)

■ 邪(간사할 사)

■ 事(일 사)

■ 捨(버릴 사)

■ 師(스승 사)

■ 斯(이 사)

■ 絲(실 사)

■ 射(쏠 사)

■ 寫(베낄 사)

■ 寺(절 사)

■ 蛇(뱀 사)

■ 簁(체 사)

■ 山(뫼 산)

■ 繖(일산 산)

■ 三(석 삼)

■ 澁(떫을 삽)

■ 上(위 상)

■ 詳(자세할 상)

■ 相(서로 상)

■ 尙(오히려 상)

■ 商(헤아릴 상)

■ 象(코끼리 상)

■ 霜(서리 상)

■ 塞(변방 새)

■ 索(찾을 색)

■ 賾(깊숙할 색)

■ 生(날 생)

■ 西(서녘 서)

■ 序(차례 서)

■ 書(글 서)

■ 舒(펼 서)

■ 庶(여러 서)

■ 蜍(두꺼비 서)

■ 薯(참마 서)

■ 鋤(호미 서)

■ 石(돌 석)

■ 昔(예 석)

■ 釋(풀 석)

■ 善(착할 선)

■ 先(먼저 선)

■ 舌(혀 설)

■ 屑(가루 설)

■ 薛(맑은대쑥 설)

■ 蟾(두꺼비 섬)

■ 成(이룰 성)

■ 盛(담을 성)

■ 聖(성스러울 성)

■ 星(별 성)

■ 聲(소리 성)

■ 世(대 세)

■ 細(가늘 세)

■ 帨(수건 세)

■ 小(작을 소)

■ 所(바 소)

■ 巢(새집 소)

■ 俗(풍속 속)

■ 屬(이을 속)

■ 松(소나무 송)

■ 訟(송사할 송)

■ 璿(옥소리 쇄)
■ 水(물 수)
■ 手(손 수)
■ 殊(죽일 수)
■ 首(머리 수)
■ 修(닦을 수)
■ 隨(따를 수)
■ 須(모름지기 수)
■ 授(줄 수)
■ 數(셀 수)
■ 雖(비록 수)
■ 遂(드디어 수)
■ 邃(깊을 수)
■ 叔(아재비 숙)
■ 熟(익을 숙)
■ 旬(열흘 순)
■ 脣(입술 순)
■ 循(돌 순)
■ 戌(개 술)
■ 述(지을 술)
■ 習(익힐 습)
■ 承(이을 승)
■ 蠅(파리 승)
■ 始(처음 시)
■ 時(때 시)
■ 示(보일 시)
■ 是(이 시)
■ 施(베풀 시)
■ 柿(감나무 시)
■ 澌(성엣장 시)
■ 識(알 식)
■ 信(믿을 신)

■ 申(아홉째 지지 신)
■ 伸(펼 신)
■ 神(신 신)
■ 臣(신하 신)
■ 新(새 신)
■ 薪(섶나무 신)
■ 腎(콩팥 신)
■ 悉(다 실)
■ 實(열매 실)
■ 心(마음 심)
■ 深(깊을 심)
■ 尋(찾을 심)
■ 十(열 십)

■ 児(아이 아)
■ 牙(어금니 아)
■ 芽(싹 아)
■ 我(나 아)
■ 樂(풍류 악)
■ 安(편안할 안)
■ 顔(얼굴 안)
■ 腭(잇몸 악)
■ 雁(기러기 안)
■ 愛(사랑 애)
■ 礙(거리낄 애)
■ 也(어조사 야)
■ 野(들 야)
■ 若(같을 약)
■ 揚(오를 양)
■ 陽(볕 양)
■ 穰(볏짚 양)

■ 颺(날릴 양)
■ 於(어조사 어)
■ 語(말씀 어)
■ 鋙(어긋날 어)
■ 薏(율무 억)
■ 言(말씀 언)
■ 諺(상말 언)
■ 焉(어찌 언)
■ 業(업 업)
■ 予(나 여)
■ 如(같을 여)
■ 餘(남을 여)
■ 歟(어조사 여)
■ 與(줄 여)
■ 輿(마 여)
■ 亦(또 역)
■ 易(바꿀 역, 쉬울 이)
■ 淵(못 연)
■ 軟(연할 연)
■ 然(그러할 연)
■ 硯(벼루 연)
■ 燕(제비 연)
■ 營(경영할 영)
■ 栯(고욤나무 영)
■ 枘(장부 예)
■ 銳(날카로울 예)
■ 五(다섯 오)
■ 悟(깨달을 오)
■ 獄(옥 옥)
■ 甕(독 옹)
■ 緩(느릴 완)
■ 曰(가로 왈)

- 王(임금 왕)
- 旺(성할 왕)
- 往(갈 왕)
- 外(밖 외)
- 要(구할 요)
- 欲(하고자 할 욕)
- 用(쓸 용)
- 舂(찧을 용)
- 容(얼굴 용)
- 牖(담 용, 들창 유)
- 右(오른쪽 우)
- 牛(소 우)
- 雨(비 우)
- 又(또 우)
- 羽(깃 우)
- 吁(탄식할 우)
- 愚(어리석을 우)
- 云(이를 운)
- 運(돌 운)
- 韻(운 운)
- 元(으뜸 원)
- 源(근원 원)
- 遠(멀 원)
- 猿(원숭이 원)
- 圓(둥글 원)
- 月(달 월)
- 越(넘을 월)
- 位(자리 위)
- 爲(할 위)
- 由(말미암을 유)
- 有(있을 유)
- 惟(생각할 유)

- 唯(오직 유)
- 維(바 유)
- 柔(부드러울 유)
- 喩(깨우칠 유)
- 酉(닭 유)
- 猶(오히려 유)
- 潤(젖을 윤)
- 音(소리 음)
- 陰(그늘 음)
- 揖(뜰 읍)
- 凝(엉길 응)
- 應(응할 응)
- 矣(어조사 의)
- 衣(옷 의)
- 依(의지할 의)
- 疑(의심할 의)
- 宜(마땅할 의)
- 義(옳을 의)
- 儀(거동 의)
- 擬(헤아릴 의)
- 二(두 이)
- 已(이미 이)
- 而(말 이을 이)
- 以(써 이)
- 苡(질경이 이)
- 耳(귀 이)
- 異(다를 이)
- 飴(엿 이)
- 頤(턱 이)
- 匜(주전자 이)
- 人(사람 인)
- 仁(어질 인)

- 引(끌 인)
- 因(인할 인)
- 寅(셋째 지지 인)
- 一(한 일)
- 日(해 일)
- 入(들 입)
- 卄(스물 입)

ㅈ
- 子(아들 자)
- 字(글자 자)
- 自(스스로 자)
- 者(놈 자)
- 慈(사랑할 자)
- 資(재물 자)
- 作(지을 작)
- 蠶(누에 잠)
- 雜(섞일 잡)
- 乗(수풀 나무 모양 잡)
- 長(길 장)
- 張(베풀 장)
- 壯(씩씩할 장)
- 將(장차 장)
- 章(글 장)
- 獐(노루 장)
- 藏(감출 장)
- 墻(담 장)
- 才(재주 재)
- 在(있을 재)
- 再(두 재)
- 財(재물 재)
- 哉(어조사 재)

- 載(실을 재)
- 宰(재상 재)
- 著(나타날 저)
- 楮(닥나무 저)
- 田(밭 전)
- 全(온전할 전)
- 前(앞 전)
- 展(펼 전)
- 轉(구를 전)
- 篆(전자 전)
- 殿(전각 전)
- 折(꺾을 절)
- 點(점 점)
- 漸(점점 점)
- 接(사귈 접)
- 正(바를 정)
- 定(정할 정)
- 釘(못 정)
- 貞(곧을 정)
- 情(뜻 정)
- 精(정할 정)
- 鄭(정나라 정)
- 靜(고요할 정)
- 制(마를 제)
- 提(끌 제)
- 諸(모두 제)
- 弟(아우 제)
- 第(차례 제)
- 蹄(굽 제)
- 蠐(굼벵이 제)
- 朝(아침 조)
- 調(고를 조)

- 曹(성 조)
- 釣(낚시 조)
- 祖(조상 조)
- 蠐(굼벵이 조)
- 竈(부엌 조)
- 足(발 족)
- 從(좇을 종)
- 終(끝날 종)
- 綜(모을 종)
- 縱(세로 종)
- 左(왼 좌)
- 主(주인 주)
- 注(물 댈 주)
- 柱(기둥 주)
- 舟(배 주)
- 周(두루 주)
- 中(가운데 중)
- 重(무거울 중)
- 則(곧 즉)
- 卽(곧 즉)
- 曾(일찍 증)
- 繒(비단 증)
- 之(갈 지)
- 池(못 지)
- 紙(종이 지)
- 只(다만 지)
- 止(그칠 지)
- 知(알 지)
- 地(땅 지)
- 旨(뜻 지)
- 指(손가락 지)
- 至(이를 지)

- 智(슬기 지)
- 趾(발 지)
- 直(곧을 직)
- 稷(기장 직)
- 眞(참 진)
- 質(바탕 질)
- 窒(막을 질)
- 集(모일 집)

ㅊ

- 次(버금 차)
- 且(또 차)
- 此(이 차)
- 着(붙을 착)
- 錯(섞일 착)
- 鑿(뚫을 착)
- 撰(지을 찬)
- 贊(도울 찬)
- 察(살필 찰)
- 參(참여할 참)
- 彰(밝을 창)
- 唱(부를 창)
- 創(비롯할 창)
- 蒼(푸를 창)
- 菜(나물 채)
- 處(살 처)
- 尺(자 척)
- 隻(외짝 척)
- 千(일천 천)
- 天(하늘 천)
- 淺(얕을 천)
- 泉(샘 천)

■ 淸(맑을 청)

■ 聽(들을 청)

■ 體(몸 체)

■ 滯(막힐 체)

■ 初(처음 초)

■ 超(넘을 초)

■ 稍(점점 초)

■ 促(재촉할 촉)

■ 葱(파 총)

■ 聰(귀밝을 총)

■ 崔(높을 최)

■ 最(가장 최)

■ 寂(가장 최)

■ 秋(가을 추)

■ 楸(개오동나무 추)

■ 推(밀 추, 밀 퇴)

■ 雛(병아리 추)

■ 丑(소 축)

■ 縮(줄일 축)

■ 蹙(닥칠 축)

■ 蓄(쌓을 축)

■ 春(봄 춘)

■ 出(날 출)

■ 朮(차조 출)

■ 冲(화할 충)

■ 取(취할 취)

■ 趣(달릴 취)

■ 就(이룰 취)

■ 治(다스릴 치)

■ 徵(음률이름 치)

■ 齒(이 치)

■ 七(일곱 칠)

■ 侵(침노할 침)

■ 梫(수풀 모양 칩)

ㅋ

■ 快(쾌할 쾌)

ㅌ

■ 他(다를 타)

■ 濁(흐릴 탁)

■ 呑(삼킬 탄)

■ 炭(숯 탄)

■ 彈(탄알 탄)

■ 探(찾을 탐)

■ 太(클 태)

■ 殆(위태할 태)

■ 泰(클 태)

■ 土 (흙 토)

■ 通(통할 통)

■ 統(거느릴 통)

ㅍ

■ 板(널빤지 판)

■ 判(판가름할 판)

■ 八(여덟 팔)

■ 悖(어그러질 패)

■ 彭(성 팽)

■ 便(편할 편)

■ 偏(두루 편)

■ 鞭(채찍 편)

■ 平(평평할 평)

■ 評(평할 평)

■ 閉(닫을 폐)

■ 肺(허파 폐)

■ 吠(짖을 폐)

■ 漂(떠돌 표)

■ 風(바람 풍)

■ 楓(단풍나무 풍)

■ 皮(가죽 피)

■ 必(반드시 필)

■ 筆(붓 필)

ㅎ

■ 下(아래 하)

■ 何(어찌 하)

■ 夏(여름 하)

■ 蝦(새우 하)

■ 學(배울 학)

■ 鶴(학 학)

■ 澣(빨 한)

■ 咸(다 함)

■ 含(머금을 함)

■ 合(합할 합)

■ 闔(문짝 합)

■ 恒(항상 항)

■ 亥(돼지 해)

■ 該(그 해)

■ 海(바다 해)

■ 解(풀 해)

■ 諧(화할 해)

■ 行(다닐 행)

■ 虛(빌 허)

■ 憲(법 헌)

■ 賢(어질 현)

■ 浹(두루 미칠 협)

- 叶(화합할 협)
- 協(맞을 협)
- 脅(옆구리 협)
- 形(모양 형)
- 螢(개똥벌레 형)
- 互(서로 호)
- 乎(어조사 호)
- 呼(부를 호)
- 虎(범 호)
- 狐(여우 호)
- 瓠(표주박 호)
- 或(혹 혹)
- 混(섞을 혼)
- 洪(큰물 홍)
- 火(불 화)
- 化(될 화)
- 花(꽃 화)
- 和(화할 화)
- 華(빛날 화)
- 患(근심 환)
- 換(바꿀 환)

- 丸(알 환)
- 環(고리 환)
- 湏(흐물흐물할 회)
- 會(모을 회)
- 畫(그을 획)
- 橫(가로 횡)
- 曉(새벽 효)
- 喉(목구멍 후)
- 後(뒤 후)
- 訓(가르칠 훈)
- 揮(휘두를 휘)
- 鵂(수리부엉이 휴)
- 希(바랄 희)

용어풀이(미주)

1) 坤卦(땅 곤/괘 괘) : 팔괘의 하나. 유순하고 사물을 성장시키는 덕을 나타내어 땅을 상징함.

2) 復卦(돌아올 복/괘 괘) : 육십사괘의 하나. 곤괘와 진괘가 거듭한 것으로 우레가 땅 속에서 움직이기 시작함을 상징함.

3) 五行(다섯 오/행할 행) : 우주 간에 쉬지 않고 운행하는 다섯가지 원소. 金·木·水·火·土

4) 五音(다섯 오/소리 음) : 음률의 다섯 가지 음. 궁(宮), 상(商), 각(角), 치(徵), 우(羽)

5) 羽(깃 우) : 동양 음악의 오음 음계 중의 다섯째 음, 서양 음악의 음계 라(La)에 비할 수 있음.

6) 角(뿔 각) : 동양 음악의 오음 음계 중의 셋째 음. 장조의 '미'에 해당함.

7) 徵(음률 이름 치) : 동양 음악에서, 오음계 가운데 궁에서 넷째 음.

8) 商(헤아릴 상) : 동양 음악에서, 오음이나 칠음 음계의 제2음.

9) 宮(집 궁) : 동양 음악의 오음이나 칠음계의 하나. 궁조의 으뜸음. 장음계의 '도'에 해당.

10) 全淸(온전할 전/맑을 청) : 훈민정음의 초성 체계 가운데 'ㄱ', 'ㄷ', 'ㅂ', 'ㅅ', 'ㅈ', 'ㆆ' 따위에 공통되는 음성적 특질을 이르는 말. 현대 음성학의 무성 자음에 해당한다.

11) 次淸(버금 차/맑을 청) : 훈민정음의 초성 체계 가운데 'ㅋ', 'ㅌ', 'ㅍ', 'ㅊ', 'ㅎ' 따위에 공통되는 음성적 특질을 이르는 말.

12) 全濁(온전할 전/흐릴 탁) : 훈민정음의 초성 체계 가운데 'ㄲ', 'ㄸ', 'ㅃ', 'ㅆ', 'ㅉ', 'ㆅ' 따위에 공통되는 음성적 특질을 이르는 말. 훈민정음의 17초성에는 포함되지 않으나, 동국정운의 23자모에는 포함된다.

13) 不淸不濁(아니 불/맑을 청/아니 불/흐릴 탁) : 훈민정음의 초성 체계 가운데 'ㆁ', 'ㄴ', 'ㅁ', 'ㅇ', 'ㄹ', 'ㅿ' 따위에 공통되는 음성적 특질을 이르는 말. 현대 음성학의 유성 자음에 해당함.

14) 韻書(운 운/글 서) : 한자의 韻을 분류하여 일정한 순서로 배열한 서적을 통틀어 이르는 말.

15) 子時(아들 자/때 시) : 십이시의 첫째 시. 밤 열한 시부터 오전 한 시까지이다.

16) 丑時(소 축/때 시) : 십이시의 둘째 시. 오전 한 시부터 세 시까지이다.

17) 寅時(셋째지지 인/때 시) : 십이시의 셋째 시. 오전 세 시에서 다섯 시까지.

18) 靈長(신령 령/긴 장) : 묘한 힘을 가진 우두머리라는 뜻으로, '사람'을 이르는 말.

19) 三才(석 삼/재주 재) : 음양설에서 만물을 제재한다는 뜻으로, 하늘[天]과 땅[地]과 사람[人]을 뜻함.

20) 無極(없을 무/다할 극) : 우주의 본체인 태극의 맨 처음 상태를 이르는 말.

21) 精髓(쌀쓿을 정/골수 수) : 뼈속에 있는 골수. 사물의 중심이 되는 골자 또는 요점이라는 의미로 쓰임.

22) 財成輔相(재물 재/이룰 성/덧방나무 보/서로 상) : 좋은 상태가 되도록 돕는 것. 〈주역〉에 財成은 천지의 道이고, 輔相은 천지의 의(宜)가 된다고 하였음.

23) 元亨利貞(으뜸 원/형통할 형/이로울 리/곧을 정) : 사물의 근본 되는 원리, 元은 봄으로 만물의 시초, 亨은 여름으

로 만물이 자라고, 利는 가을로 만물이 이루어지고, 貞은 겨울로 만물을 거둠을 뜻함.

24) 要訣(구할 요/비결 결) : 가장 중요한 방법이나 긴요한 뜻.

25) 冲氣(빌 충/기운 기) : 冲和之氣, 곧 천지간의 조화된 기운.

26) 四聲(넉 사/소리 성) : 훈민정음에서, 중세 국어의 성조를 중국의 전통적 술어인 평성, 상성, 거성, 입성을 그대로 적용하여 네 종류로 나눈 것을 통틀어 이르는 말. 글자 왼쪽 곁에 방점을 찍어 표시함.

27) 兩儀(두 양/거동 의) : 양(陽)과 음(陰). 또는 하늘과 땅.

28) 深淺闔闢(깊을 심/얕을 천/문짝 합/열 벽) : 훈민정음 중성의 자질을 말함. 深淺은 조음할 때 혀의 자리에 따라 규정한 말이고, 闔闢은 조음할 때 입의 모양에 따라 규정한 말임.

29) 闢闔(열 벽/문짝 합) : 열리고 닫힌다는 뜻. 闢은 입을 벌리는 것을 말하는데 훈민정음 중성의 'ㅏㅓㅑㅕ'가 해당이 되고, 闔은 조음할 때 입을 오므리는 것을 말하는데 훈민정음 중성의 'ㅗㅜㅛㅠ'가 해당 됨.

30) 平聲(평평할 평/소리 성) : 중세 국어 사성의 하나로 낮은 소리를 일컫는 말.

31) 上聲(윗 상/소리 성) : 중세 국어 사성의 하나. 처음이 낮고 나중이 높은 소리로, 글자에 표시할 때 왼쪽에 점 두 개를 찍음.

32) 去聲(갈 거/소리 성) : 중세 국어 사성의 하나. 높은 소리로, 글자에 표시할 때 왼쪽에 점 하나를 찍음.

33) 入聲(들 입/소리 성) : 중세 국어 사성의 하나. 소리의 높낮이와는 별도로, 종성이 'ㄱ, ㄷ, ㅂ'로 끝나는 음절들을 묶은 것이다.

34) 琴柱(거문고 금/기둥 주) : 거문고, 가야금 따위 현악기의 현(絃)을 괴는 작은 받침.

35) 酉時(닭 유/때 시) : 십이시의 열째 시. 오후 다섯 시부터 일곱 시까지.

36) 閉藏(닫을 폐/감출 장) : 물건 따위를 드러나지 않게 감춤.

37) 方言(모 방/말씀 언) : 어느 한 지방에서만 쓰는, 표준어가 아닌 말.

38) 俚語(속될 리/말씀 어) : 항간에 떠돌며 쓰이는 속된 말.

39) 薛聰(맑을대쑥 설/귀밝을 총) : 남북국시대 통일신라의 3대 문장가로 이두 문자를 집대성한 학자. 아버지는 원효, 어머니는 요석공주이고 경주 설씨의 시조임.

40) 吏讀(벼슬아치 리/구절 두) : 설총이 만들었다고 전해오는 한자의 음과 훈을 빌려 우리말을 기록하던 표기법.

41) 鄙陋(다라울 비/좁을 루) : 행동이나 성질이 너절하고 더러움.

42) 篆書(전자 전/글 서) : 진나라 시황제 때 재상 이사가 이제까지 여러 지방에서 쓰이던 각종 글자체를 정리·통일한 서체인 소전.

43) 律呂(법 률/음률 려) : 우리나라 및 중국에서 음악이나 음성의 가락을 이르는 말로 율의 음과 여의 음이라는 뜻에서 나온 말. 곧 聲을 呂라 하고, 韻을 律이라고 했음.

44) 正統(바를 정/큰줄기 통) : 1436년을 원년으로 1449년까지 14년 동안 사용되었던 중국 명나라의 제6대 황제인 정통제(正統帝) 때의 연호.

45) 上澣(윗 상/빨 한) : 한 달 가운데 1일에서 10일까지의 동안. 당대 관리에게 열흘마다 하루씩 목욕휴가를 준 데서 유래.

검정 응시자 제출용

- 1급용 원고(어제서문 + 예의편)
- 특급용 원고(정인지 서문)

훈민정음(해례본) 검정 응시 방법

① 별지로 제공되는 검정 원고를 칼이나 가위로 점선을 따라 반듯하게 자릅니다.

② 부착된 스티커를 떼어 부여된 고유번호(10자리)를 응시번호 기입란에 기입합니다.

③ 응시하려는 검정 원고를 연습장에서 충분히 익힌 후 처음부터 끝까지 정성껏 작성합니다.

④ 작성된 원고와 응시원서를 인쇄된 주소로 우편이나 택배로 보내시면 됩니다.

응시 번호

응시 번호 스티커 (스티커를 떼어내면 번호가 보입니다.)

응시 번호 기입 (1급, 특급, 사범용 응시원서 작성 시 같은 번호 기입)

응시 문의 : **031-287-0225**

보내실 곳 : 용인 특례시 기흥구 강남동로 6, 401호(그랜드프라자) (우)16978 ｜ 전화. 031-287-0225

사단법인 훈민정음기념사업회 훈민정음 경필쓰기 검정회 앞

훈민정음 [해례본] 경필 쓰기 검정 응시 방법

응시등급 및 유형	검정범위	응시 해당 요건
1급	훈민정음 해례본 중 어제 서문과 예의편	2급, 3급 합격자에 한함
특급	훈민정음 해례본 중 정인지 서문	
사범	훈민정음 해례본 전체(100) + 실기(30) + 훈민정음 이론(20)	특급 합격자에 한함

훈민정음 경필쓰기 검정

1급용 원고

어제 서문 + 예의편

응시자	응시번호	
	성 명	
	연락처	

문화체육관광부 소관 제2021-0007호

사단법인 훈민정음기념사업회

訓	民	正	音						

國	之	語	音	異	乎	中	國	與	文	字

不	相	流	通	故	愚	民	有	所	欲	言

而	終	不	得	伸	其	情	者	多	矣	予

爲	此	憫	然	新	制	二	十	八	字	欲

使	人	人	易	習	便	於	日	用	耳	

ㄱ	牙	音	如	君	字	初	發	聲		

世宗御製訓民正音

	並	書	如	虯	字	初	發	聲
ㅋ	牙	音	如	快	字	初	發	聲
ㆁ	牙	音	如	業	字	初	發	聲
ㄷ	舌	音	如	斗	字	初	發	聲
	並	書	如	覃	字	初	發	聲
ㅌ	舌	音	如	呑	字	初	發	聲
ㄴ	舌	音	如	那	字	初	發	聲

ㅂ	脣	音	如	彆	字	初	發	聲	
	並	書	如	步	字	初	發	聲	
ㅍ	脣	音	如	漂	字	初	發	聲	
ㅁ	脣	音	如	彌	字	初	發	聲	
ㅈ	齒	音	如	即	字	初	發	聲	
	並	書	如	慈	字	初	發	聲	
ㅊ	齒	音	如	侵	字	初	發	聲	

世宗御製訓民正音

ㅅ	齒	音	如	戌	字	初	發	聲	
	並	書	如	邪	字	初	發	聲	
ㆆ	喉	音	如	挹	字	初	發	聲	
ㅎ	喉	音	如	虛	字	初	發	聲	
	並	書	如	洪	字	初	發	聲	
ㅇ	喉	音	如	欲	字	初	發	聲	
ㄹ	半	舌	音	如	閭	字	初	發	聲

△	半	齒	音	如	穰	字	初	發	聲	

·	如	吞	字	中	聲	

ㅏ	如	即	字	中	聲	

ㅣ	如	侵	字	中	聲	

ㅗ	如	洪	字	中	聲	

ㅏ	如	覃	字	中	聲	

ㅜ	如	君	字	中	聲	

世宗御製訓民正音

| ㅓ | 如 | 業 | 字 | 中 | 聲 | | | | |
| | | | | | | | | | |

| ㅛ | 如 | 欲 | 字 | 中 | 聲 | | | | |
| | | | | | | | | | |

| ㅑ | 如 | 穰 | 字 | 中 | 聲 | | | | |
| | | | | | | | | | |

| ㅠ | 如 | 戌 | 字 | 中 | 聲 | | | | |
| | | | | | | | | | |

| ㅕ | 如 | 彆 | 字 | 中 | 聲 | | | | |
| | | | | | | | | | |

| 終 | 聲 | 復 | 用 | 初 | 聲 | ○ | 連 | 書 | 脣 | 音 |
| | | | | | | | | | | |

| 之 | 下 | 則 | 爲 | 脣 | 輕 | 音 | 初 | 聲 | 合 | 用 |
| | | | | | | | | | | |

則	並	書	終	聲	同	·	一	ㅗ	ㅜ	ㅛ
ㅠ	附	書	初	聲	之	下	ㅣ	ㅏ	ㅓ	ㅑ
ㅕ	附	書	於	右	凡	字	必	合	而	成
音	左	加	一	點	則	去	聲	二	則	上
聲	無	則	平	聲	入	聲	加	點	同	而
促	急									

世宗御製訓民正音

훈민정음 경필쓰기 검정

특급용 원고

정인지 서문

응시자	응시번호	
	성 명	
	연락처	

문화체육관광부 소관 제2021-0007호

사단법인 훈민정음기념사업회

有	天	地	自	然	之	聲	則	必	有	天
地	自	然	之	文	所	以	古	人	因	聲
制	字	以	通	萬	物	之	情	以	載	三
才	之	道	而	後	世	不	能	易	也	然
四	方	風	土	區	別	聲	氣	亦	隨	而
異	焉	盖	外	國	之	語	有	其	聲	而
無	其	字	假	中	國	之	字	以	通	其

世宗御製訓民正音

用	是	猶	枘	鑿	之	鉏	鋙	也	豈	能
達	而	無	礙	乎	要	皆	各	隨	所	處
而	安	不	可	强	之	使	同	也	吾	東
方	禮	樂	文	章	侔	擬	華	夏	但	方
言	俚	語	不	與	之	同	學	書	者	患
其	旨	趣	之	難	曉	治	獄	者	病	其
曲	折	之	難	通	昔	新	羅	薛	聰	始

作	吏	讀	官	府	民	間	至	今	行	之
然	皆	假	字	而	用	或	澁	或	窒	非
但	鄙	陋	無	稽	而	已	至	於	言	語
之	間	則	不	能	達	其	萬	一	焉	
癸	亥	冬	我		殿	下	創	制	正	音
二	十	八	字	略	揭	例	義	以	示	之
名	曰	訓	民	正	音	象	形	而	字	倣

世宗御製訓民正音

古	篆	因	聲	而	音	叶	七	調	三	極
之	義	二	氣	之	妙	莫	不	該	括	以
二	十	八	字	而	轉	換	無	窮	簡	而
要	精	而	通	故	智	者	不	終	朝	而
會	愚	者	可	浹	旬	而	學	以	是	解
書	可	以	知	其	義	以	是	聽	訟	可
以	得	其	情	字	韻	則	清	濁	之	能

辨 樂 歌 則 律 呂 之 克 諧 無 所

用 而 不 備 無 所 往 而 不 達 雖

風 聲 鶴 唳 雞 鳴 狗 吠 皆 可 得

而 書 矣 遂 　 命 詳 加 解 釋 以

喻 諸 人 於 是 臣 與 集 賢 殿 應

教 臣 崔 恒 副 校 理 臣 朴 彭 年

臣 申 叔 舟 修 撰 臣 成 三 問 敦

世宗御製訓民正音

寧	府	注	簿	臣 姜	希	顔	行	集	賢
殿	副	修	撰	臣 李	塏	臣 李	善	老	
等	謹	作	諸	解	及	例	以	敍 其	梗
槪	庶	使	觀	者	不	師	而	自	悟 若
其	淵	源	精	義	之	妙	則	非 臣	等
之	所	能	發	揮	也	恭	惟	我	殿
下	天	縱	之	聖	制	度	施	爲 超	越

世宗御製訓民正音

百	王	正	音	之	作	無	所	祖	述	而
成	於	自	然	豈	以	其	至	理	之	無
所	不	在	而	非	人	爲	之	私	也	夫
東	方	有	國	不	爲	不	久	以	開	物
成	務	之		大	智	盖	有	待	於	今
日	也	歟	正	統	十	一	年	九	月	上
澣	資	憲	大	夫	禮	曹	判	書	集	賢

										世
殿	大	提	學	知	春	秋	館	事		世

子	右	賓	客	臣	鄭	麟	趾	拜	手	稽

首	謹	書					訓	民	正	音

훈민정음 경필쓰기 검정 응시원서

※ 표시된 란은 기입하지 마세요.

응시번호		※접수일자	202 년 월 일		
성 명	국문)		한자)		사진 (3×4) * 사범과 특급 응시자는 반드시 첨부
생년월일	년 월 일	성별	☐ 남자 ☐ 여자		
연 락 처			* 반드시 연락 가능한 전화번호로 기재하세요		
E-mail					
집 주 소					
응시등급	☐ 사범 ☐ 특급 ☐ 1급 ☐ 2급 ☐ 3급				
소 속			* 초·중·고등부 참가자는 학교명과 학년반을 반드시 기록하고, 일반부는 대학명 또는 직업 기재		

위와 같이 사단법인 훈민정음기념사업회가 시행하는
훈민정음 경필쓰기 검정에 응시하고자 원서를 제출합니다.

20 년 월 일

응시자 :　　　　　㊞

사단법인 **훈민정음기념사업회** 귀중

훈민정음 경필쓰기 채점표

분야	심사항목	배정 점수	심사위원별 점수			총점
			(1)	(2)	(3)	
쓰기	필기규범	20				
	오자유무	10				
필획	필법의 정확성	20				
	필획의 유연성	10				
결구	균형	15				
	조화	15				
창의	서체의 창의성	20				
	전체의 통일성	20				
	총점	100				

※ ①쓰기분야의 필기규범 항목은 사범급수에만 적용됨. ②각 급수 공히 오자 한 글자 당 10점 감점

확인	심사위원(1)		심사위원(2)		심사위원(3)		결과
	성명	날인	성명	날인	성명	날인	
		㊞		㊞		㊞	

20 년 월 일

 사단법인 **훈민정음기념사업회** 이사장

훈민정음 경필쓰기 검정 응시원서

※ 표시된 란은 기입하지 마세요.

응시번호		※접수일자	202 년 월 일	
성 명	국문) 한자)			사진 (3×4) * 사범과 특급 응시자는 반드시 첨부
생년월일	년 월 일	성별	☐ 남자 ☐ 여자	
연 락 처	* 반드시 연락 가능한 전화번호로 기재하세요			
E-mail				
집 주 소				
응시등급	☐ 사범 ☐ 특급 ☐ 1급 ☐ 2급 ☐ 3급			
소 속	* 초·중·고등부 참가자는 학교명과 학년반을 반드시 기록하고, 일반부는 대학명 또는 직업 기재			

위와 같이 사단법인 훈민정음기념사업회가 시행하는
훈민정음 경필쓰기 검정에 응시하고자 원서를 제출합니다.

20 년 월 일

응시자 : ㊞

사단법인 **훈민정음기념사업회** 귀중

훈민정음 경필쓰기 채점표

분야	심사항목	배정점수	심사위원별 점수 (1)	심사위원별 점수 (2)	심사위원별 점수 (3)	총점
쓰기	필기규범	20				
	오자유무	10				
필획	필법의 정확성	20				
	필획의 유연성	10				
결구	균형	15				
	조화	15				
창의	서체의 창의성	20				
	전체의 통일성	20				
총점		100				

※ ①쓰기분야의 필기규범 항목은 사범급수에만 적용됨. ②각 급수 공히 오자 한 글자 당 10점 감점

확인	심사위원(1) 성명	심사위원(1) 날인	심사위원(2) 성명	심사위원(2) 날인	심사위원(3) 성명	심사위원(3) 날인	결과
		㊞		㊞		㊞	

20 년 월 일

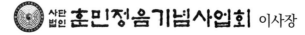

사단법인 **훈민정음기념사업회** 이사장

| 엮은이 소개 |

박재성 朴在成(호: 鯨山, 滿波, 夏川)

· 명예효학박사(성산효대학원대학교)
· 교육학(한문전공) 박사(국민대학교 대학원)
· 고려대학교 대학원 최고경영자과정 수료
· 전) 중국산동대학교 객원 교수
· 전) 서울한영대학교 교육평가원 원장
· 한국고미술협회 감정위원
· 훈민정음 신문 발행인
· 사단법인 훈민정음기념사업회 이사장 겸 회장
· 훈민정음 탑 건립 조직위원회 상임조직위원장
· 훈민정음 대학원 대학교 설립추진위원회 상임추진위원장
· 훈민정음 주식회사 대표이사
· 서울경기신문 / 새용산신문 / 4차산업행정뉴스 /
  경남연합신문 논설위원

수상 실적
· 국전 서예부문 특선 1회, 입선 2회(86~88)
· 무등미술대전 서예부문 4회 입특선(85~89) /
  전각부문 입특선(87~88)
· 한양미술대전 서예부문 대상(1987)
· 아세아문예 시 부문 신인상 수상(2015)
· 고려대학교 총장 공로패(2016)
· 대한민국문화예술명인대전 한시
  명인대상 2회 연속 수상(2016, 2017)
· 서욱 국방부장관 감사장(2021)
· 제8군단 군단장 강창구 중장 감사장과 감사패(2021)
· 제15보병사단 사단장 김경중 소장 감사장(2022)
· 육군사관학교 교장 강창구 중장 감사패(2022)
· 육군참모총장 남영신 대장 감사장(2022)
· 육군참모총장 박정환 대장 감사장(2022)
· 지상작전사령부 사령관 전동진 대장 감사장(2022)
· 공군사관학교 교장 박하식 중장 감사장(2022)
· 제55보병사단 사단장 김진익 소장 감사장(2023)
· 한국을 빛낸 자랑스러운 한국인 대상(2023)
· 제5군단 군단장 김성민 중장 감사패(2023)
· 드론작전사령부 사령관 이보형 소장 감사장과 감사패(2023)
· 육군참모총장 박안수 대장 감사장(2024)
· 동원전력사령부 사령관 전성대 소장 감사패(2024)

작품 활동
· 성경 서예 개인전 2회(금호 미술관. 1986, 1988)
· CBS-TV방송 서예초대전(1984)
· 임진각 『평화의종 건립기념』비문 찬(1999)

· 원폭 피해자 평화회관 건립 도서화전 초대 출품
  (서울, 동경 1990)
· 강원도 설악산 백담사『춘성대선사』비문 서(2009)
· 국방일보 〈한자로 쉽게 풀이한 군사용어〉 연재 중(2020~현재)
· 제8군단사령부 구호 휘호(2022)
· 드론작전사령부 창설부대명 휘호(2023)
· 육군훈련소 부대 구호 휘호(2024)
· 동원전력사령부 구호 휘호(2024)

저서
· 서예인을 위한 한문정복요결(1989 국제문화사)
· 한자활용보감(2000 학일출판사)
· 한자지도 완결판(2004 이지한자)
· 성경이 만든 한자(2008 드림북스)
· 간체자 사전 2235(2011 도서출판 하일)
· 성경으로 배우는 재미있는 하오하오한자(순종편)
  (2011 도서출판 에듀코어)
· 매일성경한자 - 집에서 받아보는 성경한자 학습지
  (2011 도서출판 하일)
· 성경보감(2011 도서출판 나)
· 한자에 숨어 있는 성경 이야기(2011 도서출판 나)
· 신비한 성경 속 한자의 비밀(2013 가나북스)
· 크리스천이 꼭 알아야 할 맛있는 성경 상식(2013 가나북스)
· 재밌는 성경 속 사자성어(구약편)(2013 가나북스)
· 재밌는 성경 속 사자성어(신약편)(2013 가나북스)
· 노래만 부르면 저절로 외워지는 창조한자(2014 현보문화)
· 인성보감(2016 한국교육삼락회)
· 우리말로 찾는 정음자전(2021 훈민정음 주)
· 세종어제 훈민정음 총록(2020 문자교육)
· 특허받은 훈민정음 달력(2023 훈민정음 주)
· 훈민정음 경필쓰기(4급)(2024 가나북스)
· 훈민정음 경필쓰기(5급)(2024 가나북스)
· 훈민정음 경필쓰기(6·7·8급)(2024 가나북스)
· 소설로 만나는 세종실록 속 훈민정음(2024 가나북스)
· 훈민정음 언해본 경필쓰기(2024 가나북스)
· 훈민정음 해례본 경필쓰기(2024 가나북스)
· 훈민정음 해설사 자격시험 예상문제집(2024 가나북스)

엮은이와 소통
(사)훈민정음기념사업회 www.hoonminjeongeum.kr